DIALOGUES AVEC LES MORTS

Enquête sur l'au-delà

6, rue Régis – 75006 Paris
Tél. 01 42 22 56 84 - Fax : 01 42 22 65 62

Imprimé en France

I.S.B.N. 2-84197-281-X

Serge LeGuyader

DIALOGUES AVEC LES MORTS

Enquête sur l'au-delà

Éditions TrajectoirE

SOMMAIRE

PREFACE
DE PHILIPPE MARLIN

Préfacer ce premier ouvrage de Serge Le Guyader est un réel plaisir. Parce que Serge est un compagnon d'aventures sur les Terres de l'Ailleurs depuis plus d'une dizaine d'années maintenant. Et parce que Serge a énormément de choses intéressantes à faire partager.

J'ai rencontré notre ami en 1992, au hasard d'un petit article que j'avais passé dans une revue littéraire, " Ecrire aujourd'hui ". Je me lançais alors dans l'aventure de la " small press "[1] et cherchais de premiers contributeurs. Cet appel à textes avait été publié au mois de juin. Et en rentrant de vacances, ma concierge me remit un plein sac de courrier. Parmi tous les plis reçus figurait celui de Serge Le Guyader. Le plus gros bien sûr... et le plus fascinant... Peut être parce que les thématiques développées par Serge étaient étonnamment proches de mes propres inclinaisons.

Mais était-ce vraiment une surprise ? Nous sommes de " promotions " voisines, celles des générations de curieux qui ont été marquées dans leur jeunesse enthousiaste par cet invraisemblable phénomène culturel que furent l'aventure du célèbre " Matin des Magiciens " et celle de la sulfureuse revue " Planète ". Même si le temps – et la maturité – ont permis de faire le tri dans ce bouillonnant chaudron rassemblant les écrits de Pauwels et

1 Edition de revues d'amateurs, encore appelées fanzines.

Bergier, ceux qui ont goûté à cette potion magique en gardent quelques réflexes intellectuels tout à fait caractéristiques. Ils savent qu'il est " interdit d'interdire " et que, pour parodier Baudelaire, " les Sciences, la Tradition et le Rêve se répondent "...... Ils partagent également, en matière littéraire, un certain nombre de passions qui les portent tout naturellement vers les " créateurs d'univers ". Et de fait, les fictions proposées par Serge dans son premier envoi étaient pour le moins imprégnées par l'œuvre de l'écrivain américain, Howard P. Lovecraft, le génial " Ermite de Providence ".

Serge a rejoint notre association littéraire et de recherches marginales, " l'œil du Sphinx ", et a commencé à remplir les colonnes de nos petites revues d'amateurs de ses innombrables trésors. Car notre ami n'écrit pas. *Il gère un véritable torrent d'écriture,* sous la forme d'un journal intime où tout est consigné et tout est collationné. On le comprendra à la lecture du présent ouvrage, illustré par de nombreux témoignages personnels provenant de cette source foisonnante. Il serait fastidieux pour le lecteur de reprendre la liste des papiers que nous avons publié. Mais retenons en un certain nombre de thèmes dominants. Le symbolisme, certainement, pour lequel Serge éprouve une véritable fascination qui l'amène à se perdre dans les dédales du Labyrinthe ou à tenter de démêler les Fils d'Hermès. L'ufologie, sans conteste, qui dissimule une grande interrogation métaphysique, interrogation douloureuse doublée d'une certitude hésitante. Nous ne sommes pas seuls dans l'univers et les textes sacrés des grandes traditions spirituelles de l'humanité en attestent de façon formelle. Une ufologie biblique, en quelque sorte, qui débouche tout naturellement sur un prophétisme tour à tour inquiet et triomphant. Serge est un poète, et nombre de ses stances s'inscrivent dans cette veine qui lui ont du reste valu le surnom affectueux de " prophète des Pins Francs ", du nom de la rue de Bordeaux où il réside... Mais je ne serais pas complet si je n'évoquais pas le pierre angulaire de toute sa recherche, celle qui donne une saveur si caractéristique à tous nos échanges. La conspiration, on l'aura compris, non pas en tant que machine à complot qui permet de se retrancher derrière des certitudes invérifiables, mais plutôt comme générateur d'un doute systématique qui permet de relancer le débat... Car Serge a conservé une étonnante fraîcheur d'esprit qui lui permet d'envisager sans complexe toutes les hypothèses, même les plus folles !

L'ouvrage que vous allez lire est la parfaite illustration de cette approche. Une façon d'aborder les problématiques les plus conjecturales avec passion et conviction. En choisissant le thème de " l'Au Delà ", l'auteur savait pertinemment qu'il mettait la barre particulièrement haut. Il s'est certainement souvenu, en rédigeant ces pages, du poème d'Abdul Alhazred cité par H.P. Lovecraft :

N'est point mort qui peut éternellement gésir
Au cours des temps, la Mort même peut mourir.

Philippe Marlin

“ Je salue un Temps qui agrandira le domaine de la Vie jusqu’aux régions invisibles, et donnera à l’Univers ses vraies proportions. On nomme encore surnaturel une partie mal connue de la planète. Mais puisqu’on voit des régions inexplorées sur les cartes de la terre physique au bord de l’Amazone et dans le désert de Gobi, il est normal que les régions plus vastes et plus incertaines pour le voyageur, qui demeurent invisibles à nos sens, n’aient pas encore été parcourues (...)”

Maurice Magre, " Interventions Surnaturelles "

AVANT-PROPOS

L'ouvrage que vous allez lire peut-être considéré comme l'itinéraire d'une exploration dans l'au-delà. Il y manque, certes, quelques étapes, comme les rêves, les Ovnis, les rituels secrets de certaines organisations initiatiques, ou encore le labyrinthe de la progression mystique et les univers qui le jalonnent. On en reparlera peut-être dans un autre ouvrage. Car ici, la ligne droite, non seulement n'est pas le plus court chemin d'un point à un autre[1], mais elle n'existe même pas ! Il y aurait d'ailleurs toute une topographie spirituelle (ou géométrie métapsychique)à inventer pour tracer les futures cartes de l'au-delà et de l'aventure de l'esprit. Mais c'est peut-être encore prématuré. Le corset des rationalistes et des positivistes modernes, héritiers de leurs pères du XIXe siècle, n'est pas encore suffisamment desserré, pour permettre une telle audace intellectuelle. Explorer l'au-delà n'est pas facile quand on s'est donné pour tâche d'examiner le panorama le plus large possible de nos connaissances actuelles sur le sujet. Ce n'est ni facile, ni simple et la complexité de la tâche impose des choix.

Nous abordons ici, une fois de plus diront les sceptiques, les critiques et les rationalistes à tout crin, la question de l'Au-delà avec un grand A. Car même si les hommes ne sont toujours pas en mesure d'affirmer quoi que ce soit de définitif sur ce qui se passe de l'autre côté du voile, il faut bien admettre, que depuis maintenant un demi-siècle environ, nos connaissances en ce domaine ont pour la première fois sérieusement progressé ! Nos connaissances en effet ont commencé à s'étendre et à s'affiner,

1. *Affirmation mathématique valable uniquement en géométrie euclidienne (cf glossaire).*

et cela très paradoxalement dans un contexte de matérialisme effréné. Depuis des millénaires, les différentes religions ainsi que les différentes cultures humaines décrivent, ou définissent le monde de l'Au-delà de manière particulièrement constante et stable pour ne pas dire franchement statique. Mais comme dit l'adage, personne n'en est revenu pour dire ce qu'il y a de l'autre côté. Cet "autre côté" c'est autant l'univers d'après la mort, que le monde des rêves ou encore "celui de l'invisible" que l'on appréhende par ce qu'il est convenu d'appeler aujourd'hui le paranormal[3]. Or, L'une des difficultés majeures dans l'étude de ces questions vient de notre incapacité à bien distinguer la réalité de l'illusion et ensuite de classer correctement les phénomènes auxquels on se trouve confrontés. Comment faire, par exemple, pour distinguer la télépathie de la voyance ? Comme le disait très justement *Carl G. Young* : " *Nous sommes encore dans un état d'esprit étrangement primitif pour la grande raison que nous n'arrivons pas à considérer le psychique avec objectivité* ". C'est bien là le problème essentiel de notre difficulté à avancer dans le domaine du psychisme et des phénomènes dits paranormaux. Mais il faut reconnaître que l'audace et la persévérance de quelques chercheurs ont permis depuis maintenant une bonne soixantaine d'années de faire des avancées significatives, et notamment dans les domaines suivants, que nous allons aborder dans cet ouvrage :

- Les perceptions extrasensorielles et visions d'un au-delà hypothétique, corroborées par les multiples apparitions auxquelles sont sujets des milliers d'êtres humains depuis la nuit des temps, sans parler des animaux.
- Les expériences proches de la mort ou NDE et leurs mécanismes neuro-biologiques, associées au problème de la survie et à toutes les croyances religieuses et populaires sur la réincarnation.
- Les hypothèses sur les possibilités de communication avec les défunts, qui après une longue période de silence revien-

2. *Le terme de paranormal, souvent utilisé dans le sens de parapsychologie, bien que très répandu, ne correspond pas vraiment à la "réalité" qu'il est censé recouvrir. Il vaudrait mieux parler de para-psychisme, ou peut-être de paraphysique, ou métapsychique pour ne pas confondre avec la métaphysique !*

nent sur le devant de la scène avec la transcommunication.

- L'existence d'états modifiés de conscience, ou expériences holotropiques selon une terminologie récente, définie par *Stanislav Grof*. Ce domaine auquel on doit associer tous les phénomènes relevant du mysticisme et de la mystique religieuse est particulièrement révélateur et d'ailleurs relativement facile à contrôler.
- Enfin les questions concernant la mort physiologique et l'allongement de la vie...

Il serait également opportun de s'intéresser à l'approche du phénomène Ovni, qui relève en partie du domaine de l'au-delà, mais nous laisserons ce sujet de côté dans ce livre.

Bien entendu, pour les tenants d'une science monolithique, agrippés au savoir officiel, codifiée comme un dogme religieux et dispensée par les élites de la recherche et de l'enseignement, les limites de la science ne peuvent dépasser celles de la connaissance admise par l'establishment, et surtout rien de plus qui risquerait de perturber les esprits. Malgré d'immenses progrès réalisés depuis un demi siècle dans différents domaines de la biologie, de la microélectronique, ou de l'astronomie, il est toujours vrai, comme à la fin du XIXe siècle, que les savants et leurs équipes se regroupent en deux classes idéologiques (selon la loi des 80 / 20) :

- ceux qui estiment que la seule réalité est celle de la matière, même si une partie reste invisible; dans ce système de pensées, les notions d'esprit et d'au-delà n'ont pas d'autres fondements que les ondes électromagnétiques ou gravitationnelles,
- ceux qui prônent l'existence ou la préexistence d'une autre réalité, disons plus spirituelle, que les seuls champs électromagnétiques, gravitationnels ou corpusculaires de la physique théorique n'expliquent pas. Ceux-là estiment en effet que si nous buttons depuis si longtemps sur l'impossibilité d'expliquer la voyance, la télépathie, le pouvoir de lévitation,

ou encore les expériences proches de la mort (NDE), c'est précisément par ce qu'il manque à notre vision matérialiste du monde une composante essentielle que toutes les religions et cultes ont tenté de s'accaparer depuis des temps immémoriaux.

A ce sujet il est particulièrement intéressant de noter que la première tenue du symposium (novembre 2000) du Centre d'Etudes National et de Communication sur les Enigmes Scientifiques (*CENCES*, à ne pas confondre avec le *CNES, Centre National d'Etudes Spatiales* !) dont les actes ont été publiées en mai 2002 chez Dervy sous le titre " *Paranormal : entre mythes et réalités ?* ", constitue un véritable événement dans la science française. Comme quoi, il ne faut jamais désespérer. Ce symposium s'est réuni sous la direction d'*Eric Raulet* et d'*Emanuel-Juste Duits*. Bien que les conventions et autres symposiums sur l'ufologie (étude du phénomène Ovni) ou le paranormal soient fréquents depuis les années soixante, l'originalité de cette dernière manifestation est bien de rassembler des personnalités de la science dite "officielle" (enfin !). Après avoir boudé pendant plus d'un demi siècle le paranormal, le monde scientifique abandonnerait-il soudain un vieux tabou ? A vrai dire, pas tout à fait. Certes, les actes sont préfacés par un nom bien connu de la science officielle, le professeur *Rémy Chauvin*, à qui l'on doit de nombreux travaux sur les insectes en particulier et la biologie en général, mais à qui l'on doit aussi, et cela depuis très longtemps, de nombreuses recherches, études et interventions sur les questions traitant des sujets qui nous intéressent ici, et dont la pertinence et la profondeur ne sont plus à démontrer. De ce côté-là, ce n'est donc pas vraiment une surprise. Beaucoup d'entre nous savent bien, comme le rappelle d'ailleurs *Rémy Chauvin* lui-même, que "*notre pays, est très en retard à cause de l'interdit borné qui frappe ce type de recherches*", comparé aux Etats-Unis, à la Suisse, à l'Inde ou à l'ex-URSS. Ce retard est-il en voie de disparition ? On peut parfois en douter quand on entend

Monsieur Charpac (pourtant Prix Nobel de physique[3]) confondre les phénomènes psy avec le charlatanisme.

En matière d'au-delà, l'exhaustivité est carrément hors d'atteinte et le sera probablement pour toujours. Sans verser dans le sensationnalisme, le présent ouvrage veut au contraire montrer à quel point les mythes, les croyances et les phénomènes dits subjectifs, recèlent d'immenses richesses humaines et naturelles correspondant à une réalité plus subtile, que la démarche scientifique serait bien inspirée d'explorer de manière plus générale, et combien il est important pour ne pas dire urgent de s'investir dans le "paranormal", comme on s'est jadis investi dans l'exploration des nouveaux continents.

Les six chapitres constituant cet ouvrage, qui n'est en fait qu'une introduction au thème de l'au-delà, un itinéraire comme nous l'avons proposé au début de cet avant-propos, présentent donc les questions évoquées ci-dessus, de manière à ce que le lecteur, quel que soit son degré culturel et son instruction, puisse disposer d'une synthèse et d'une référence de base concernant ces sujets, qui soit autre chose qu'un simple dictionnaire encyclopédique.

En fin d'ouvrage, un glossaire permet au lecteur de trouver la définition de quelques-uns des termes utilisés dans le texte.

Les passionnés de parapsychologie, qui ne sont pas encore membres d'un groupe d'étude ou de recherche dans ce domaine pourront s'informer des structures actuelles existant en France à partir de la liste des principaux organismes que l'on peut trouver dans notre pays.

Enfin, la bibliographie qui suit (voir en fin de volume), donne en outre aux lecteurs assidus, quelques références utiles pour poursuivre leurs recherches ou leurs investigations dans cet univers si vaste.

3. *Alors que nombre de ses collègues américains ou indiens seront bientôt des pionniers en matière de parapsychologie.*

CHAPITRE 1

Visions de l'au-delà, prémonitions, perceptions extrasensorielles, apparitions, spectres et fantômes

"Il reste assez d'inconnues dans la nature
pour qu'on ait presque jamais le droit
de traiter quelqu'un d'imbécile".
(Jean Rostand)

"La science fantastique appartient encore à l'univers inexploré,
mais un jour, probablement elle entrera
dans le jeu de la science classique"
(Robert Charroux)

Le 5 février 1783, le célèbre poète allemand *Goethe* (1749-1832) déclare à son serviteur que la terre tremble fortement quelque part en Europe. Or aucune secousse n'est ressentie ni à Francfort, où il réside, ni ailleurs en Allemagne, ni d'ailleurs dans les Alpes autrichiennes, région pourtant connue pour son activité sismique. Une quinzaine de jours plus tard, Goethe reçoit une lettre d'un ami, postée de Palerme, annonçant que la Sicile vient d'être frappée par un terrible tremblement de terre. Celui-ci a eu lieu le 5 février. Cette anecdote, tout à fait significative, et dont les exemples pourraient être multipliés par cent ou mille, montre de manière simple et directe s'il en était encore besoin, combien l'homme est doté de pouvoirs et de facultés lui permettant d'accéder intuitivement et sans appareils spéciaux à des réalités invisibles qui ne relèvent ni de nos cinq sens habituels, ni de la connaissance raisonnable, qui souvent se limite à une conception matérialiste du monde. Conception, certes la plus répandue (tout au moins dans notre Occident des trois derniers siècles) mais qui n'a jamais fait l'unanimité ni chez les philosophes, ni chez les savants. L'un d'entre eux d'ailleurs, l'astronome *Camille Flammarion* (grand vulgarisateur de l'astronomie au XIXe siècle) ne disait-il pas à ce propos que "*Le matérialisme est une doctrine erronée, incomplète et insuffisante, qui n'explique rien à notre entière satisfaction. N'admettre que la matière douée de propriétés est une hypothèse qui ne résiste pas à l'analyse (...)*". On sait bien, depuis des lustres, même s'il y a souvent erreur, illusion ou incertitude sur la nature véritable des choses, que certains êtres humains ont des pouvoirs particuliers, qu'on appelle voyance, divination, don de prophétie, médiumnité, hypersensibilité...

Autrefois, lorsque les hommes étaient confrontés à des faits singuliers et inexplicables, ils les imputaient à l'intervention de forces surnaturelles indéfinies ou à l'action des dieux ou des démons. Rappelons toutefois que si l'ignorance a longtemps été le lot de la masse, certains savants[1] d'époques anciennes savaient faire la différence entre les causes naturelles de certains phénomènes et les hallucinations humaines. Mais on sait depuis le XVIIIe siècle européen qu'il existe des forces naturelles à la source de nombreux phénomènes physiques peu ou mal compris. L'erreur matérialiste et moderniste consiste à les nier purement et simplement et à les rejeter..., ou peut-être à faire semblant.

Qui, en effet, n'a pas eu, au moins une fois dans sa vie, le sentiment du déjà vu, le sentiment de la prochaine survenance d'un événement heureux ou malheureux ou tout simplement insolite ou inattendu ? Les phénomènes de connaissance de l'avenir, de

1. *Autrefois (jusqu'au milieu du XIXe) les savants étaient pluridisciplinaires comme on dit auhourd'hui ; à la fois astronome/astrologue, médecin, alchimiste...*

précognition, les rêves prémonitoires ou la clairvoyance sont aussi vieux que le monde. Personne, en apparence, n'a jamais pu les expliquer, pourtant ce n'est pas faute de croyances ou de théories aussi diverses que variées sur le sujet. De la même manière on s'épuiserait à vouloir faire la liste des apparitions, des fantômes et autres spectres qui inspirent depuis si longtemps toute une partie de la littérature. Entre les apparitions énigmatiques ou les fantômes de personnes décédées, le monde de l'au-delà n'est pas à court de ressources et la variété des témoignages le dispute à leur multiplicité.

Pour illustrer cette affirmation, voici tout d'abord un témoignage personnel vécu au Liban, où nous avons habité plus de huit années, de 1966 à 1974 :

> *Un beau jour de printemps, au début des années soixante-dix, je rentrai dans une église de la montagne libanaise. Le soleil était encore haut dans le ciel et l'air était chaud malgré l'altitude. Il devait être environ quatre heures de l'après midi. Rien ne me laissait prévoir l'incroyable rencontre que j'allais faire ce jour là. A l'intérieur de l'église l'air était frais et cela me fit grand bien. Je trempai ma main droite dans le bénitier et fis mon signe de croix selon le rite latin qui est le mien. Les personnes qui m'accompagnaient s'étaient avancées vers le centre et je restai en retrait. C'est alors que je sentis sur ma droite, au bout de quelques minutes un souffle étrange, d'abord glacial, puis brûlant. Etonné de ce changement de température, je regardais autour de moi pour comprendre ce qui se passait. Mais il n'y avait rien d'extraordinaire dans les environs. Rien en tout cas qui aurait pu m'inquiéter. Derrière moi, à dix mètres environ, se tenait tout simplement un homme, habillé de rouge et de noir, adossé à un des piliers de l'église. Bien que ne voulant pas lui prêter attention, un murmure dans mon esprit ne cessait de me dire d'aller lui parler. Je*

cédai. Arrivé à sa hauteur, et tendant le bras, je lui dis bonjour à voix basse, comme on dit ici à un passant. L'homme qui avait l'air d'un arabe du désert, grand, mince, le visage maigre et basané, portait une barbichette blanche. Ses yeux, que je n'oublierai jamais, étaient de braise. Impossible de les regarder en face. Il me tendit la main et la posa sur mon avant-bras. Je ressentis alors un véritable courant électrique me parcourir le corps, tandis qu'il m'adressa la parole en français, sans accent.

- Que viens-tu chercher ici que tu n'aies déjà ?

Interloqué, on le serait à moins, je balbutiai quelques instants et trouvant enfin mes mots, répondis :

- Rien de particulier, je visite avec des amis.

Il faut dire que nous n'étions pas dans une église ordinaire, mais au monastère de Mar Maroun d'Annaya, où vécut et mourut, le Père Charbel (1828-1898), mystique libanais le plus connu à l'extérieur du Liban, béatifié dans les années 1960 et canonisé en 1977 par le Vatican, et dont la dépouille incorruptible, est devenue dès sa mort, objet de vénération et de pèlerinage [2].

Intuitivement, je compris très vite que l'homme qui me parlait dans l'église n'était pas ordinaire, et que je devais me méfier de lui.

- Es-tu certain d'être sur la bonne voie ? interrogea-t-il. Mais voyant que je ne comprenais pas ce qu'il voulait dire, il précisa sa pensée.

- Que fais-tu dans cette église alors qu'au dehors t'attendent tant de belles choses, de plaisirs et de réussites ?

- Mais qui êtes-vous ? fis-je enfin, quelque peu agacé.

- Comment, tu ne me reconnais pas ? Je suis pourtant assez souvent auprès de toi et de tes semblables.

2. *Dans un ouvrage édité à Beyrouth (Liban) en 1965 "Charbel, un homme ivre de Dieu", le Père Paul Daher raconte simplement mais avec beaucoup d'authencité et d'émotion la très belle histoire de saint Charbel (de son vrai nom Youssef Makhlouf).*

-Non, excusez-moi, je suis français, et je ne sais pas qui vous êtes.

- Ta nationalité n'a rien à voir à l'affaire... Je t'assure que tu me connais, mais tu ne le sais peut-être pas. Ici, tous me connaissent et particulièrement celui que tu es venu vénérer aujourd'hui avec tes amis. Au lieu de perdre ton temps ici, tu ferais mieux d'aller en ville goûter à la vie !

- Mais alors vous êtes le Diable... dis-je à voix très basse en baissant la tête, car j'avais honte.

- Tu l'as dit, je suis l'Esprit de la Matière. Je viens vous offrir les vraies richesses, palpables et bien visibles, tout ce qui est franchement excitant...Qu'en dis-tu ?

- Nom de Dieu m'exclamai-je ahuri. M'entendant, mes amis qui se trouvaient dans le coeur, m'appelèrent (à voix basse) pour me localiser. Je tournai aussitôt la tête pour leur faire signe que tout allait bien et lorsque je voulu m'adresser de nouveau à l'inconnu, celui-ci avait disparu. Je restai tout penaud, là dans l'ombre, et mon esprit subitement agité par cette étrange rencontre eut du mal à s'apaiser. Je venais de rencontrer un prince. Mais quel prince en vérité ? Le Prince des Ténèbres ? Le Prince de la Beauté, du Sexe, de l'Argent, en un mot, des plaisirs de ce Monde ? Etait-ce un leurre, une vision, une hallucination ? S'agissait-il bien du Diable en personne, ou simplement d'une projection de mon inconscient ? Quoi qu'il en soit, durant les brefs instants de notre entretien mon subconscient avait enregistré une multitude d'informations sur sa présence et sa nature. Mais comment parler de LUI, sans se fourvoyer ?

Si l'univers des fantômes, des apparitions ou des spectres ainsi que la parapsychologie en général semblent être plus souvent l'apanage de la civilisation anglo-saxonne que latine, nous ne devons pas oublier, nous autres français, les formidables études, recherches et observations faites entre la fin du XIXe siècle et les années trente, par le professeur Charles Richet (1850-1935) [3], grand chercheur devant l'Eternel. Mais aux premières loges de l'impossible, ce grand laïque et matérialiste, ne pouvait que constater son impuissance à expliquer certains phénomènes ! En 1922, dans son "*Traité de Métapsychique*", il allait même jusqu'à rallier l'idée de la pluralité des mondes, exprimée par Camille Flammarion : "*Avons-nous le droit de déclarer, juste à cause de nos sens limités et de notre maladroite intelligence, que l'homme est le seul être intelligent dans le Cosmos ? ... Que d'autres forces intellectuelles, différentes de la nôtre, existent, cela n'est pas seulement possible mais extrêmement probable. Cela est même certain... Il est absurde de dire que nous sommes la seule intelligence dans la nature... L'existence de ces êtres ne peut être prouvée, mais la probabilité de leur existence est évidente*". Ceci est autant vrai pour d'éventuelles créature extraterrestres, en "chair et en os" (EBE ou Entités Biologiques Extraterrestres) que pour des esprits ou des âmes pouvant évoluer dans d'autres dimensions de l'espace-temps de l'univers connu. N'oublions pas que la part connue de l'univers (même au sens strictement physique) est beaucoup plus petite que la part inconnue.

Voici maintenant un cas de fantôme emprunté à la longue liste des témoignages relevés dans la littérature spirite et métapsychique : à la fin du XVIIIe siècle, des archéologues amateurs découvrent à *Creech Hill* en Angleterre près de *Bruton* dans le Somerset deux squelettes enlacés. Cette bourgade abrita un ancien temple romano-celtique et fut le théâtre à une certaine époque de violents affrontements entre les tribus saxonnes et normandes qui peuplaient alors la région. En fait, celle-ci est considérée par beaucoup de spécialistes comme un lieu hanté. De nombreuses personnes prétendent en effet avoir entendu certaines nuits des rires étranges, des bruits de pas, et “avoir aperçu des silhouettes fantomatiques” à forme humaine. Mais le

3. Prix Nobel de Physiologie et second Président de l'Institut Métapsychique International que l'on verra plus loin.

plus étrange n'est pas tant la multiplication des apparitions, que l'incroyable aventure physique et matérielle dont voici l'histoire : un soir, en effet, un fermier qui revenait du marché où il avait écoulé sa production, trébucha sur un corps étendu en travers de la route. Surpris, il voulut examiner le corps quand soudain celui-ci se dressa dans les airs devant lui en poussant un cri horrible. Le fermier terrifié, prit alors ses jambes à son cou, et courut vers sa ferme sans demander son reste. Mais le spectre le poursuivit et lorsque se jetant contre la porte de sa maison, le pauvre fermier s'écroula par terre, sa femme qui ouvrit la porte, distingua nettement elle aussi, une longue silhouette noire et blanche secouée d'un rire sardonique, qui s'éloigna rapidement vers *Creech Hill*. Cette relation, loin d'être unique – on trouve en effet un nombre incalculable d'histoires de ce genre dans toute la littérature humaine – montre que les apparitions et les spectres ne sont pas toujours de simples fantômes sans consistance matérielle semblables à des images en quelque sorte immatérielles. Il s'agit le plus souvent de corps, ou de parties du corps, constitués d'une substance que l'on peut assimiler à ce que certains chercheurs spécialisés appellent la "matière ectoplasmique" et que certains physiciens n'hésitent pas à nommer "plasma froid" [4]. Cette substance dont la nature reste mystérieuse est surtout connue des parapsychologues qui se sont intéressés aux phénomènes de médiumnité et à la production d'ectoplasmes par les médiums eux-mêmes. On trouvera en langue française, dans un ouvrage déjà ancien mais tout à fait exceptionnel ("*Les Pouvoirs secrets de l'Homme*" de Robert Tocquet, édité par *Les Productions de Paris en 1963*), un chapitre entier sur cette question des phénomènes ectoplasmiques. Or il semble bien que cette substance corresponde plus à une émanation psychique qu'à une véritable substance proprement matérielle. En fait nul encore aujourd'hui n'est à même de donner une réponse définitive sur la nature exacte de l'ectoplasme. S'agit-il d'un fluide psychique qui a tendance à se solidifier ? S'agit-il au contraire d'une substance matérielle plus subtile que l'état gazeux (donc "plasmatique", mais

4. *(cf. glossaire).*

sans chaleur) susceptible de prendre un aspect dense et laiteux ? On retrouve d'ailleurs de semblables phénomènes dans les nombreux témoignages de contacts Ovnis, ce qui semblerait plaider en faveur d'une certaine "matérialité" du psychisme.

Les histoires d'apparitions, de fantômes et de spectres ont fait l'objet de si nombreuses recherches et classifications qu'il est impossible même de les résumer ici. Limitons-nous à l'une d'entre elles :

- **A) Les apparitions prémonitoires,** ou celles qui annoncent quelque chose; on peut ranger dans cette catégorie les événements décrits dans un récent film avec *Harrison Ford* : "*La Prophétie des Ombres*" [5]

- **B) Les apparitions de morts errants**, ceux par exemple qui apparaissent la nuit dans certains cimetières à la recherche de leur demeure terrestre perdue.

- **C) Les apparitions de personnes vivantes**, comme par exemple les apparitions de saints ou de mystiques ; ce type de phénomène est relativement courant (ou rapporté comme tel) dans les relations entre maîtres et disciples des disciplines comme le Yoga ou le Zen, ou lors de rituels chamaniques; on connaît aussi les dons de bilocation attribués au *Padre Pio* récemment canonisé par le Vatican (16 juin 2002).

- **D) Les maisons hantées et les apparitions d'événements anciens** ; il s'agit ici de cas innombrables mais très dispersés dans le temps et dans l'espace.

Parmi les nombreux témoignages disponibles, il est évident que 80% d'entre eux sont sujets à caution, s'ils ne sont pas purement et simplement inventés. Restent environ 20% qui résistent à toute analyse rationnelle et dont les annales (certaines très scientifiques, comme celles de *Robert Tocquet* [6] cité plus haut) ont gardé les rapports détaillés. Entre les maisons hantées par

5. *Une légende dit qu'avant certaines catastrophes, des "anges noirs ou sombres" apparaissent à certains humains pour les mettre en garde.*
6. *Un des animateurs du premier organisme officiel d'études parapsychologiques en France : l'Institut de Métapsychique International (IMI) à Paris, fondé en 1919 et reconnu d'utilité publique depuis 1928.*

des fantômes aussi inoffensifs qu'affectueux, et les histoires de revenants plus ou moins scabreuses ou frisant le film d'horreur de série Y, il existe en effet quantités d'histoires de revenants tout à fait incroyables sur lesquelles aucune explication sérieuse n'a jamais pu être fournie. En voici un exemple emprunté aux Editions Time Life (Collection "Les Mystères de l'Inconnu" tome "Fantômes et Apparitions" que nous résumons ici :

En Avril 1882, *Rosina Despard*, une jeune Anglaise de dix-neuf ans, s'était installée avec toute sa famille dans une grande maison à trois étages situés sur *Circus Road*, entre *Pittville* et *Cheltenham*. Sa première rencontre avec une dame en noir eut lieu deux mois plus tard. Par un soir de juin, en effet, *Rosina* s'était retirée dans sa chambre au troisième étage quand elle entendit un bruit incongru dans le couloir. Pensant qu'il s'agissait de sa mère, elle ouvrit la porte mais ne vit personne. Après quelques pas hésitants dans le corridor, la flamme de sa chandelle vacillant quelque peu, elle aperçut soudain devant elle en haut de l'escalier, une femme de grande taille, toute de noir vêtue, et le visage entièrement recouvert d'un long voile opaque. L'étrangère descendit alors les marches d'un pas aérien. *Rosina* voulut la suivre, malheureusement sa bougie s'éteignit, la plongeant dans l'obscurité totale. Prise de frayeur, elle se hâta de regagner sa chambre puis se recoucha. Elle sut depuis ce jour là que la maison était hantée. Les visites de cette dame en noir [7] se répétèrent tous les sept ans et eurent pour témoins une douzaines de personnes dont les visions furent scrupuleusement consignées par *Rosina Despard* elle-même. Car celle-ci n'avait rien d'une adolescente romantique. Elle suivait avec assiduité des études de médecine à l'université, fait assez rare pour une femme de l'époque victorienne. Réputée sérieuse et équilibrée, rien ne semblait la prédisposer à céder à une imagination débridée. Et pourtant elle affirma avoir revu le fantôme de la dame en noir à plusieurs reprises, de jour comme de nuit, sur le palier qui menait à sa petite chambre. Le fantôme de cette femme incon-

7. *A ne pas confondre avec la célèbre Dame Blanche qui hante depuis toujours les routes de France. Nous laissons volontairement de côté ce phénomène quasi mythique dans ce livre.*

nue s'arrêtait souvent devant une baie vitrée, puis filait vers le jardin et tenait un mouchoir devant son visage. Il ne prononçait jamais une parole et ignorait tout des injonctions de *Rosina*. A plusieurs reprises l'étudiante affirme avoir tenté de lui barrer la route, mais en vain, pas plus qu'elle ne réussit à le toucher. Elle tendit même des fils en travers des marches, mais observa le spectre les traverser sans encombre. La dame en noir fut aussi aperçue à plusieurs endroits simultanément dans la propriété. Dans ses promenades nocturnes l'esprit ignorait superbement les mortels qui l'entouraient. Ceux-ci par contre n'ont jamais oublié l'expression douloureuse qui se lisait dans son regard. Elément très intéressant de cette affaire : "son corps interceptait la lumière, déclara *Rosina*, mais nous n'avons jamais pu déterminer s'il projetait ou non une ombre". C'est en effet une caractéristique propre aux corps matériels opaques ou denses de projeter une ombre. Si un corps laisse passer la lumière, il est donc transparent, mais cela ne prouve pas son immatérialité (le verre par exemple). De quoi sont donc faits ces fantômes ? Quelle est la nature réelle de cet ectoplasme ou de ce "plasma froid" dont parlent les savants et les chercheurs ?

Les efforts de *Frederic Myers*, un des fondateurs de la très fameuse Society for Psychical Research de Londres [8], ayant eut connaissance de ce cas de maison hantée dès 1884, constitua un important dossier et encouragea les *Despard* à poursuivre leurs observations, y compris avec le concours d'un appareil photo, à portée de main pour saisir l'image du spectre; malheureusement les rares appareils de l'époque étaient lourds, peu maniables et exigeaient un temps de pose incompatible avec la fugacité du phénomène. Quoi qu'il en soit, dans un article paru dans *Proceedings* (journal de la Society for Psychical Research), il apparaît que le fantôme de la dame en noir fut probablement celui d'une certaine *Imogen Swinboe*, seconde épouse du premier propriétaire de la maison. L'aspect et les habitudes du spectre correspondaient en tout point à cette personne décédée

8. *La plus ancienne et la plus célèbre des institutions officielles de recherches parapsychologiques dans le monde. Aujourd'hui dépassée par les organismes américains, elle reste cependant la référence absolue en matière de parapsychologie dans le monde.*

en 1878, soit deux ans après son mari et quatre ans avant sa première apparition à *Rosina Despard*. Elle était enterrée dans le cimetière proche de la propriété, sur Pittville Circus Road. Cette affaire, qui peut être considérée comme un modèle du genre met en scène des personnages ordinaires et montre bien que ce type d'apparition est lié à un lieu précis : une maison, un château, une route ou un pont. La qualité des "voyants" ne semble pas jouer de rôle important si ce n'est bien sûr l'existence de leur don; c'est plutôt le lieu ou l'endroit qui constitue la clef de l'énigme, même si au moment d'un décès par exemple, l'image d'une personne peut apparaître à un tiers situé à des milliers de km !

Les personnes ordinaires ne sont pas les seules en cause. Il arrive aussi que certains des "acteurs" de ces phénomènes d'apparitions ou de maisons hantées soient des personnages célèbres ou connus, dans des endroits importants ou renommés. On dit par exemple que depuis sa mort en 1865, le fantôme du Président américain *Abraham Lincoln* (né en 1809 et Président des Etats–Unis à partir de 1860) se serait manifesté assez fréquemment dans son ancienne chambre de la Maison Blanche. Certains personnages prétendent même avoir vu le fantôme du train qui le ramena à Springfield (Illinois), sa dernière demeure et cette vision se renouvellerait tous les ans à la date anniversaire de ses funérailles. Il est bien évident que si ces manifestations sont authentiques, les services spéciaux de la Maison Blanche les connaissent et les étudient en détail, tout au moins peut-on le penser. Mais on aborde ici le secteur du secret d'Etat, qui vient se surajouter au mystère du phénomène proprement dit. Inutile, donc, de se fatiguer à creuser une telle piste, aussi intéressante soit-elle.

Par ailleurs, certains chercheurs ont tenté de capter la voix des fantômes comme d'autres ont essayé de fixer leur image sur la pellicule photo. Tentative difficile et incertaine dont on peut retenir deux noms et dire quelques mots avant d'approfondir le sujet au chapitre V lorsqu'on parlera de la possibilité de communiquer avec les morts. En 1959 un chercheur amateur,

Friedrich Jürgenson, après beaucoup de patience et de ténacité, prétendit avoir enregistré la voix de fantômes avec un simple magnétophone. Suite au compte rendu qu'il publia cinq ans plus tard de ses expériences avec des bandes magnétiques, le parapsychologue *Constantin Raudive* consacra presque dix ans de sa vie à tenter de reproduire et d'analyser des sons recueillis sur des milliers de bandes. Déjà, dans les années vingt, le grand inventeur américain *Thomas Edison* (1847-1931), l'un des inventeurs du phonographe – avec le poète Charles Cros – du microphone, et d'autres merveilles techniques, qui avouait croire aux fantômes, avait probablement conçu un appareil amplificateur susceptible de capter des vibrations ou des signaux en provenance de l'au-delà. Malheureusement, sa disparition en 1931 interrompit ses travaux.

Quoi qu'il en soit, qu'il s'agisse d'apercevoir, d'identifier, d'entendre ou de photographier (on pourrait également ajouter de radiographier), les apparitions, les spectres ou les fantômes, ou la voix des morts, un nombre considérable de chercheurs de toutes origines (poètes, savants, philosophes, techniciens...) se sont penchés depuis deux siècles sur ces questions, sans avoir pu apporter de réponse définitive, mais ouvrant malgré tout de nouvelles voies à ces recherches avec des méthodes et des appareils entièrement inédits. Depuis les travaux de *Mesmer*[9] et son magnétisme animal, jusqu'au laboratoire de parapsychologie moderne, on peut dire que la science s'est "engouffrée", parfois très lentement, parfois frénétiquement, dans un univers traditionnellement réservé à la religion et aux rituels sorciers et chamaniques depuis la nuit des temps. Mais le plus dur est encore à venir. Si des portes ont été ouvertes, et pas des moindres, si le grand public a été informé (même partiellement) des nouvelles avancées ou incursions de la science dans des domaines aussi tabou (la mort n'est-elle pas le sujet tabou par excellence ?), il reste que l'ensemble de la communauté scientifique n'est pas encore disposée à suivre, et loin s'en faut. De plus les effets sur

9. Franz Anton Mesmer, (1734-1815) médecin d'origine allemande, exerçant à Vienne et à Paris, fondateur de la théorie du magnétisme animal, et des transes hypnotiques comme moyen de guérison par transfert sur le patient.

la société toute entière, de ces progrès sont bien loin d'être évidents. On ne peut pas dire que la vie des êtres humains soit en voie d'être radicalement transformée par des découvertes sur l'au-delà, comme elle l'est par l'invention du téléphone ou de la conservation des aliments. Certes on observe par-ci par-là quelques évolutions dans les croyances (plus de lucidité et moins de superstitions) et même dans les comportements (pas toujours heureux d'ailleurs), mais il faudra encore de longues décennies, voire quelques siècles, pour que l'humanité puisse voir sa vie changée par de nouvelles découvertes dans les domaines psychiques ou spirituels, comme elle le constate dans sa vie quotidienne par rapport à la maîtrise de certaines forces matérielles. En attendant, les apparitions continuent, les phénomènes insolites se multiplient et les religions régressent, même si le fanatisme religieux semble s'étendre. Beaucoup d'apparitions ou de manifestations dites "spirituelles" ont effectivement une apparence religieuse. Pourtant, nous n'aborderons pas ici cet aspect de la question. Un livre entier n'y suffirait pas. Il faut d'ailleurs préciser qu'en dehors des annales religieuses proprement dites (pour l'Europe seule : des milliers de très gros volumes), il s'agit surtout pour le grand public d'apparitions de la Vierge Marie. Tout le monde connaît les noms de *Guadalupe* (Mexique-1531), *La Salette* (France-1846), *Lourdes* (France-1858), *Fatima* (Portugal-1917) ou encore *Zeitoun* (Egypte-1968/69) et plus récemment *Medjugorje* (Yougoslavie- des centaines d'apparitions depuis 1981). Les lecteurs intéressés pourront donc se reporter d'une part à l'ouvrage de *E.Tizané* paru chez Tchou en 1977, collection PSI, (*Les apparitions de la Vierge : un enquêteur laïc s'interroge*), d'autre part à celui de *Annette Colin-Simard* publié chez Fayard/Mame en 1981 (*Les apparitions de la Vierge*). Il faut avouer que le nombre d'apparitions religieuses semble avoir tendance à augmenter depuis une cinquantaine d'années. De plus la teneur des messages délivrés se focalise de plus en plus sur l'avenir ou les destinées de l'humanité et l'injonction qui est faite aux voyants de mettre en garde leurs concitoyens, pour ne pas attirer sur eux les foudres divines. Le message est plus souvent moral que sacré. Mais les conditions de réalisation de ces manifestations intéressent le parapsychologue au même titre que toutes les autres manifestations à caractère profane dont les mécanismes commencent peu à peu à se dévoiler. Ceci nous ramène d'ailleurs aux thèmes de la voyance et des prémonitions qui représentent les cas les plus répandus.

D'une manière générale, les voyances ou les prémonitions se manifestent de diverses manières; il n'y a pas de règle ou de formule unique. Parfois, un simple rêve leur sert de support et se déroule comme un film racontant une histoire qui arrivera demain ou après demain, l'année suivante ou plus tard encore. Parfois aussi, une vision s'impose à l'état d'éveil et se déroule également comme la séquence d'un film. Parfois bien plus qu'une simple vision, un phénomène paranormal ou très insolite se produit dans l'environnement quotidien. Je me souviens, par exemple, de cet étrange événement survenu à ma mère il y a de nombreuses années : encore jeune fille, un jour des années trente, alors qu'elle était en train de repasser dans une pièce de sa maison, se trouvait en face d'elle une grande et belle armoire à glace, comme on les faisait autrefois. Soudain, sans raison apparente, la porte de l'armoire s'ouvrit doucement, puis, un visage apparut, très flou et très fugitif. Il n'y avait eu aucun tremblement de terre, ni aucune vibration particulière. Ma mère resta interloquée mais ne reconnut pas le visage qui s'était ainsi dessiné sur le miroir. Elle parla de cette manifestation à ma grand-mère, qui crut reconnaître dans ce récit la description du visage d'un ami lointain et perdu de vue depuis longtemps. Celui-ci habitait à l'autre bout du globe... en Australie ! Or huit ou dix jours après cet étrange incident, un faire-part de décès arrivait à la maison, annonçant la mort de Monsieur M... en Australie ! Ma mère avait donc eu plus qu'une vision ce jour-là, puisque la porte de l'armoire s'était également déplacée ; ce type de phénomène peut-être intégré dans la catégorie assez large des poltergeists (cf. glossaire) si l'on accepte de ne pas se limiter aux maisons hantées ; en allant plus loin on peut évoquer la psychokinèse qui caractérise cette fois-ci l'action consciente et volontaire de l'esprit sur la matière. Les médias se sont largement fait l'écho depuis quelques dizaines d'années de ce type de phénomènes, en particulier à la télévision avec les expériences ou "démonstrations" en direct d'un *Jean-Pierre Girard* [10] ou d'un *Ury Geller* [11]. Nous les laissons également de côté, dans ce livre, car il relève plus d'un examen des pouvoirs secrets de l'homme, que des manifestations de l'au-delà. Mais les deux approches sont liées. L'observation et l'analyse des forces cachées de la nature humaine et des pouvoirs de l'esprit contribuent largement à la compréhension des structures et des lois de l'au-delà, même si elles relèvent d'un autre sujet.

Pour en revenir aux différents phénomènes de voyance, visions prémonitoires et autres processus prophétiques, qui intéressent plus particulièrement ce chapitre, il est opportun de relater quelques exemples historiques déjà connus ou moins connus. Les voici :

- Tandis qu'il était encore un tout jeune homme, on avait annoncé à Voltaire qu'une gloire immortelle l'attendait mais que, pourtant, l'Eglise ne bénirait pas sa sépulture. Cette courte prédiction, aussi incroyable lorsqu'elle fut, est aussi surprenante qu'intéressante. Et le rationaliste qu'était Voltaire a certainement haussé les épaules à l'époque en l'entendant.

- Plus près de nous, le 20 janvier 1936, le docteur *Sanguinetti*, médecin de son état, accompagné par deux de ses amis, se rendit à l'église de *San Giovanni Rotondo* (paroisse de Padre Pio mentionné plus haut, célèbre à travers le monde pour ses guérisons miraculeuses, pour ses stigmates, ses bilocations, et parfois pour des lévitations constatées par plusieurs personnes), dans le cloître des Capucins de la petite ville de *Fogia* dans les Pouilles. Ce soir-là, comme il était tard, la petite église était déserte.

10. *Fameux sujet psy français (années 70 et 80), expérimentant des phénomènes de psychokinèse ou effet PK (voir ce terme dans le glossaire) ou autres manifestations de déplacement d'objets à distance et de torsion de tiges métalliques et de cuillères, comme Uri Geller...*

11. *Célèbre médium Israëlien des années 70, mondialement connu pour tordre les cuillères (voir notamment Sciences et Avenir, n° 345, novembre 1975)...*

Soudain, un personnage s'avança vers eux, et les trois amis purent reconnaître le Padre Pio lui-même. Celui-ci leur dit alors à voix basse : “Approchez-vous et priez avec moi pour sauver une âme qui arrive en ce moment devant le Seigneur". Après leur prière, le moine capucin leur avoua le nom de celui pour lequel ils venaient de prier. Grande fut leur surprise lorsqu'il surent qu'il s'agissait du roi d'Angleterre, *George V* lui-même ! Le lendemain, les journaux annoncèrent la mort du souverain. Le Dr Sanguinetti put alors vérifier que son décès avait bien eu lieu au moment même où le capucin s'était adressé à lui et ses amis dans la petite chapelle du couvent.

- Dernière anecdote du genre, mais nettement plus orientée sur l'aspect onirique du phénomène : en 1913, alors qu'il était encore étudiant, le célèbre physicien danois *Niel Bohr* [12], fit un rêve étrange. Il se vit sur ce qu'il décrit comme un soleil de gaz brûlant. Des planètes passaient en sifflant, reliées à ce soleil par de minces filaments et tournant autour de l'astre incandescent. Peu à peu le gaz se transforma en une masse solide tandis que soleil et planètes se réduisaient jusqu'à ne devenir qu'un seul point. Niel Bohr se réveilla alors et sut qu'il venait de découvrir le modèle géométrique de l'atome.

Ainsi naquit la théorie moderne de la structure atomique dont on sait que l'idée primitive remonte au grec *Démocrite* (entre -460 et -370 av. J.-C.) qui lui-même la tenait de son maître *Leucippe*. Le soleil représente le noyau atomique, tandis que les électrons tournant autour de ce noyau sont illustrés par les planètes. De plus ce modèle, bien qu'aujourd'hui dépassé, rappelle sérieusement l'adage bien connu des sages de toute l'antiquité : "ce qui est en haut est comme ce qui est en bas". Ce rêve est un exemple courant dans le domaine des sciences, en particulier de la physique et des mathématiques. Il faut d'ailleurs reconnaître que ces deux disciplines sont celles où l'on trouve le plus grand nombre de cas prémonitoires, de visions intrinsèques de structures intimes de la nature ou carrément de cas de voyances temporelles ou spatiales. La population des chercheurs en mathé-

12. (1885-1962) un des pères du premier modèle moderne de la structure atomique.

matiques et physique théorique est avec la population monastique, la plus proche de celle des médiums et autres sujets "extrasensibles". Rien de surprenant à cela, d'ailleurs, puisque ces savants se retrouvent à la limite du visible et de l'invisible, donc dans les zones frontalières entre le rationnel et l'irrationnel. On ne devrait d'ailleurs plus employer ces termes sans mettre des guillemets, car depuis la découverte des *lois quantiques* et de la *Relativité d'Einstein*, les notions de continuum espace-temps ou d'autres dimensions spatiales ou univers "parallèles"(que nous survolerons au chapitre VI) sont familières des mathématiciens et des physiciens, dont beaucoup des recherches de pointe flirtent souvent (bien que la plupart d'entre eux s'en défendent!) avec les domaines de la mystique ou de la métaphysique pris au sens premier du terme. Il n'est pour s'en convaincre que de rappeler les travaux menés depuis près d'un siècle par notre IMI national (op cit à propos du livre de Robert Tocquet : le pendant français du SPR anglais dont on a parlé à propos de l'affaire du fantôme de la dame en noir). Les très nombreuses collaborations de l'IMI avec le monde scientifique pur et dur de la Faculté (médecine, sciences exactes, sciences humaines) ont été largement rapportées dans la revue de l'Institut : *Revue Métapsychique – Parapsychologie.* A titre d'exemple, on trouvera dans le n°18 Nouvelle Série de 1973, plusieurs articles particulièrement significatifs, comme "La fonction psi et la magie de la mécanique quantique", qui sortent malheureusement du cadre du présent ouvrage; ou comme "Psychocinèse avec un composant radioactif : le Césium 137", ou "Nouvelles perspectives sur les relations entre la psyché et le cosmos" ou encore "La Parapsychologie à l'Université de Paris VII". Le chassé croisé entre la science et les études métapsychiques n'est pas nouveau, même s'il reste marginal. De plus, il faut reconnaître que la science ne flirte pas seulement avec les parapsychologues, disons bon teint, mais aussi avec tous les spiritualistes et autres philosophes chercheurs en spiritualité. Deux ouvrages clef nous le montrent : le premier de *Michaël Talbot "Mystiscisme et Physique Nouvelle"*, publié au

Mercure de France en 1984, collection "Science et conscience" (traduit de l'américain), où l'auteur arrive à nous convaincre de la convergence du mysticisme et de la physique moderne. A partir des récents travaux des plus grands chercheurs de sa décennie, Michaël Talbot ouvre une véritable enquête sur la nature de la REALITE. Qu'est-ce que la réalité pour un physicien ? La réponse est voisine de celle que donnent les mystiques. On découvre en effet dans ce livre que la plupart de nos croyances ordinaires sur la solidité de la matière, la structure du temps, la cause et l'effet, ne sont que des illusions, profondément enracinées depuis des millénaires dans nos structures mentales. C'est ce que les mystiques hindous appellent *Maya*... Décidément, il n'y a rien de nouveau sous le soleil, adage grec et proverbe antique ! Comme l'affirment tous les maîtres Yogis [13] depuis des lustres, la *conscience* elle-même est à la source de la REALITE et du "soi-disant" univers physique dans lequel nous sommes plongés. Or ceci est primordial pour la compréhension des phénomènes concernant l'au-delà ! L'exploration de la dualité matière-esprit ne peut se faire sans une autre manière de penser la REALITE que celle qui prévaut chez les rationalistes [14]. Autrement dit si l'apparence des choses est duale, la REALITE ultime des choses est unitaire. Cette même quête de l'unicité de la matière et de l'esprit est reprise dans un ouvrage plus récent qui est pratiquement devenu un best seller et qu'il serait injuste de ne pas mentionner ici. Il s'agit de "*L'infini dans la paume de la main*", du Big Bang à l'Eveil, publié en 2000 chez *Nil Editions/Fayard,* conjointement par *Matthieu Ricard et Trinh Xuan Thuan*. Ce pavé de presque 500 pages nous fait participer au dialogue sur l'univers et la nature de la REALITE entre un scientifique français (fils de JF Revel) devenu bouddhiste et d'un bouddhiste vietnamien devenu scientifique. Remarquable ! Bien qu'à la frontière de notre sujet, cet ouvrage donne un cadre philosophique à l'étude de l'au-delà. La science et la spiritualité éclairent, chacune à sa façon, le monde dans lequel nous vivons et apparaissent ici complémentaires et non opposées. C'est bien dans cet esprit

13. *Pronnoncer yogui !*
14. *Il faut bien distinguer entre la pensée rationnelle et la rationalisme qui en est l'excès !*

qu'il faut aborder les mystères de la vie et de la mort, car il devient évident aujourd'hui que notre ignorance est grande ! La véritable démarche scientifique ne consiste-t-elle pas d'abord à observer, puis à accumuler des faits, ensuite à revenir sur l'interprétation de ces faits ? Enfin à réfléchir sur la méthode de l'interprétation pour ne pas se limiter justement aux trompeuses apparences ? Voir un fantôme, tenter de le photographier, et s'apercevoir ensuite qu'il n'apparaît pas sur la pellicule, devrait inciter à penser que la vision obtenue n'est pas nécessairement de nature optique, sans pour cela faire appel à une hallucination mentale provoquée par un dérèglement d'origine neuro-chimique de notre cerveau. De tout temps les métaphysiciens ont parlé de ce fameux sixième sens dont la *glande pinéale* pourrait être le siège physiologique. Cela reste à prouver, mais alors tentons effectivement de le prouver !

Au terme de ce premier chapitre, il devient clair que si les phénomènes, que nous avons évoqués jusqu'à présent et qui ne représentent qu'une partie de l'ensemble du monde invisible, ou des manifestations de l'au-delà, sont bien authentiques, ce dont nous ne doutons pas un seul instant, la clef de l'énigme qu'ils posent se trouve dans l'étude approfondie non seulement du cerveau humain mais plus encore dans l'étude et l'exploration de son psychisme. N'oublions pas que le cerveau n'en est que le support matériel, et qu'il y a toutes les chances pour que l'esprit précède le cerveau[15], donc que ses fonctions induisent celles du cerveau, alors que les rationalistes prétendent le contraire. Il s'agit donc d'étudier la Fonction Psi, qui fait l'objet depuis plus de deux siècles en Europe, et plus de soixante ans en Amérique d'une audacieuse exploration. Il est admis depuis le début du XXe siècle que l'homme (ordinaire) n'utilise guère plus de 10 à 20 % des capacités réelles de son cerveau. Cela voudrait-il dire qu'il n'utilise même pas 1 % des facultés de son esprit ? C'est bien ce que les maîtres de la Sagesse et du Yoga déclarent ! L'incursion dans cet ailleurs situé aussi bien hors du temps et de

15. *Théorie philosophique bien connue des métaphysiciens selon laquelle* ***la Fonction crée l'Organe*** *et non l'inverse ! Il ne peut y avoir de bras, d'aile ou de foie, si la fonction psychique ou spirituelle de cet organe ne pré-existe pas ! L'adaptation évolutive de Darwin ne peut donc être qu'une application dans la sélection biologique, et non une sélection naturelle seule !*

l'espace fait sans doute partie de ces facultés, peu ou pas utilisées, par la très grande majorité de nos semblables.

Dans un petit ouvrage intitulé "*Au-delà du Conscient*", traduit en français chez Payot en 1963, *G.N.M. Tyrell*, l'un des plus éminents spécialistes anglais de la psychologie des profondeurs se fait l'apôtre d'une étude systématique de la personnalité au-delà de la conscience ordinaire en établissant clairement les méthodes et les règles qui peuvent présider à cette recherche.

De même qu'hier le *Dr Rudolf Tischner* [16] appelait déjà à une approche nouvelle de la recherche universitaire anglaise en vue d'intégrer officiellement les phénomènes dits paranormaux, de même aujourd'hui *Stanislav Grof* (aux États-Unis – voir chapitre VI), plaide vigoureusement en faveur d'une modification radicale des sciences humaines dans le cadre général des recherches civiles dans le monde occidental. Le mot civil a son importance ici car il y a longtemps que les militaires eux (de toutes les grandes puissances, Chine incluse), ont compris l'intérêt de pouvoir espionner l'ennemi par la voyance, ou de le manipuler par la télépathie ! On ne peut manquer de citer à cette occasion le livre de *Ernst Meckelburg*, "*Les Armes Secrètes PSI*" ou comment utiliser les énergies PSI dans l'affrontement Est-Ouest, paru chez Belfond en 1986 (traduit de l'allemand). Terrifiant ! Voici quelques-uns des pouvoirs sur lesquels les militaires américains et soviétiques caressaient quelques espoirs :

- création à distance d'apparitions artificielles (sic !),
- utilisation de l'hypnose lors de réunions,
- dématérialisation de sujets ou d'armes ennemis,
- enregistrement sur bandes magnétiques des pensées de l'état major ennemi…

Une telle panoplie vient évidemment s'ajouter aux armes proprement matérielles que les laboratoires des armées ont déjà en programmation [17] depuis des années. Le malheur veut encore

16. *Egalement membre de la SPR de Londres : voir son livre "Introduction à la parapsychologie" paru chez Payot en 1973. (cf. Bibliographie en fin d'ouvrage).*
17. *On consultera à ce sujet l'ouvrage de notre ami Jean-Pierre Petit : "Les Enfants du Diable" ou la guerre que nous préparent les scientifiques, Albin Michel-1995.*

une fois que le civil soit en retard sur le militaire. Aux différentes guerres, conventionnelles, chimiques, bactériologiques, ou nucléaires, dont nous avons tous entendu parler, il faut encore ajouter la possibilité de guerres génétiques, climatiques, sismiques, quantiques et peut-être même la guerre spatio-temporelle ! On nage en pleine science-fiction. En ces temps d'apocalypse, tout ceci fait froid dans le dos ! En fait sur le papier tout est possible. Mais il est clair que les crédits engagés dans de telles recherches sont autant d'argent détourné de recherches civiles équivalentes.

Que Dieu ait pitié de l'Humanité !

Pour ne pas terminer ce chapitre sur une note aussi pessimiste voyons comment les pouvoirs de certains hommes peuvent être utilisés de manière plus "charitable" et utile. C'est l'histoire d'un homme doté de la faculté de voir et d'entendre les morts qui aide la police à résoudre d'anciens crimes liés à un enlèvement. Il s'agit ici d'une fiction, mise en scène par le réalisateur *Stephen Gyllenhaal* (2002) et projetée sur le petit écran sous le titre "Apparitions"; ce film est inspiré de cas réels ayant été pratiqués par la police hollandaise dans les années soixante. La revue *Planète* (de 1961 à 1968) de célèbre mémoire en a souvent parlé en son temps. La première partie du film, mi-thriller, mi-surnaturel offre un scénario très original intégrant adroitement des flash-back sur l'enfance et les dons du héros (campé par Ted Danson), comme dans le film à succès "*Le Sixième sens*".

James Van Praagh, patron d'une entreprise en difficulté, reçoit un appel de son vieux père, Allan. Sa mère Regina (jouée par Diane Ladd), victime d'une crise cardiaque, est dans un état critique. Sur le chemin de l'hôpital, James se remémore son enfance et le collège religieux où Regina, fervente catholique, l'envoya petit garçon. Il se souvient aussi d'un don étonnant qu'il développa à cette époque : la faculté de voir et d'entendre les défunts. Des hommes ou des femmes décédés de mort violente, voulant transmettre un dernier message à leurs proches, s'adressaient à James, sorte d'intermédiaire entre les deux mondes.

Hélas personne ne le crut à l'époque et sa mère lui conseilla même de ne plus parler de ce qu'il voyait ou entendait. Depuis, persuadé d'avoir une maladie mentale, James a caché ce secret... Mais voici que la police a besoin de ses services. Dans la seconde partie du film, on se retrouve un peu dans la série "Profiler". Pensant que James dit peut-être la vérité, un inspecteur de police du nom de Karen (jouée par Mary Steenburgen) fait procéder à des fouilles sur les lieux indiqués. Suit une découverte macabre, celle des corps de six enfants, disposés en cercle.

Après exhumation, l'autopsie révèle qu'ils ont été enterrés vivants ! Suite à cette horrible découverte, James a de nouveau des visions de ce jeune garçon handicapé, Eddie, qui lui était apparu des années auparavant, au collège religieux. Les indices fournis par le revenant amènent alors la police à poursuivre ses explorations au même endroit. Elle trouve enfin, au fond de la tombe où étaient ensevelies les petites victimes, le corps d'Eddie et constate que celui-ci a été tué par balle en 1963... Cette fiction reprenant, comme nous l'avons déjà dit, certains éléments authentiques, montre que certains voyants mais aussi des radiesthésistes peuvent parfois aider la police de manière efficace.

Dans cet au-delà multiple, il est un aspect bien terre à terre qui pose problème dans les milieux hospitaliers et philosophiques et que nous n'avons pas encore abordé : c'est l'expérience de mort imminente.

Cette étude fait l'objet du chapitre qui vient.

CHAPITRE II

Expériences proches de la mort (NDE) et phénomènes apparentés ; Le voyage astral et corps de lumière

"On sait que la matière de notre univers obéit à un certain nombre de constantes : nombre d'Avogadro, vitesse de la lumière, constante de Planck..., mais remarque Jérôme Cardan (...) supposons ces constantes différentes. Que serait alors un univers parallèle ?"
(Serge Hutin)

Les NDE

"*Ave Cesar, ceux qui vont mourir te saluent*", clamaient les courageux gladiateurs avant de se lancer dans leur terrible combat qui menait forcément l'un des deux à la mort. Courageux, ou peut-être fous dirions-nous aujourd'hui... Car qu'est-ce que la mort ? Passons-nous en mourant de l'autre côté d'un miroir qui n'aurait fait que refléter le compte à rebours des années ? Ou bien est-ce un miroir aux alouettes dont l'étrangeté fascine ? Nous autres humains avons tous peur de la mort, même si nous ne l'avouons pas toujours. Et même si certains d'entre nous se vantent du contraire, n'est-ce pas plutôt par inconscience, ignorance ou témérité que par réel courage ? La réalité de la MORT est sans doute avec le concept de Dieu, le questionnement le plus vieux de l'homme. Il s'est écrit sur ce sujet probablement des centaines de milliers de pages, pour ne pas dire des millions. La mort, tous les êtres vivants la subissent mais aucun ne sait vraiment sur quelle réalité elle débouche. Depuis que l'homme est homme, personne n'a encore donné de réponse UNIQUE et définitive sur ce qui se passe après l'avoir franchie. C'est un passage obligé pour tous les êtres vivants, et même pour les cultures et les civilisations (Paul Valéry), mais nul n'a de réponse à la question : que se passe-t-il après la mort ? Tous les philosophes du monde en ont parlé. Toutes les religions aussi. Jésus lui-même a déclaré à ses disciples qu'un jour les hommes vaincraient la mort elle-même. Mais rien sur ce qui se passe après. La mort n'est-elle qu'une porte vers un ailleurs meilleur, ou peut-être pire... qui sait ? Est-elle plutôt un long processus vers une nouvelle étape de la vie, ou vers le néant ? On sait que deux grandes écoles s'affrontent depuis toujours sur ce sujet :

- Ceux qui, comme les athées, les nihilistes, ou simplement les matérialistes pur et durs, pensent que l'étape de la mort mène à une fin définitive, irréversible et irrémédiable : c'est l'anéantissement de l'individu, c'est le néant ! Il n'y a rien à espérer après.

- Ceux au contraire qui pensent que la mort n'est qu'une étape vers une autre vie, un passage vers un accomplissement. A la question qui nous taraude tous, que devenons-nous après la mort, les spiritualistes ou les simples croyants répondent tous que l'âme humaine continue sa vie d'une autre façon. De quelle façon, les avis divergent ; les opinions changent en fonction des traditions de chacun. Certains affirment que l'âme se réincarne dans un nouveau corps, d'autres que l'on retrouve dans le "ciel" ceux qui nous ont précédés ; d'autres encore qu'elle s'envole (l'âme) vers d'autres plans de conscience...

Nous aborderons cette question, celle du devenir de l'âme, dans le chapitre IV consacré à la survie après la mort. Mais pour l'heure, ce qui nous intéresse ce sont les expériences vécues par ceux qui ont "frôlé" la mort définitive. Ce qui nous intéresse maintenant, c'est ce qui se passe au seuil de la mort,... juste en deçà de la mort. Il s'agit donc d'examiner le vécu de ceux qui bien que parfois considérés comme morts, en sont quand même revenus. Mais d'abord cette curieuse histoire [1]:

Danielle Perron psychologue à Hull au Québec (Canada) raconte qu'un jour de 1973 alors qu'elle était encore jeune étudiante, elle rentre dans un hôpital pour y subir une opération de routine. Mais soudain les choses tournent mal. A la suite d'un arrêt cardiaque, elle frôle la mort : "*ma vie se rétrécissait à la façon d'un entonnoir inversé : le bout de cet entonnoir, c'était la mort...*". Poursuivant son récit Danielle Perron déclare : "*A mon étonnement, je continuais d'être. Mes membres se détachaient de mon corps [...]. J'avais peur [...]. Une présence communiqua avec moi par télépathie. J'ai entendu : « Je suis là » [...]. J'ai vu une porte largement entrouverte, une belle lumière blanche en sortait*". Attirée par cette étonnante lumière blanche, Danielle cherche à l'atteindre. La présence dont elle parle serait alors entrée en elle par le côté gauche, et son être tout entier aurait commencé à se rapprocher de la lueur à une vitesse vertigineuse. Une fois parvenue dans cet espace de lumière (elle parle d'une sorte de bulle d'amour et de paix), Danielle affirme avoir traversé un jardin, puis elle dit : "*[...] J'ai regardé mon corps devenu transparent et je me suis rendu compte qu'il était guéri. [...] Instantanément, j'ai douloureusement réintégré mon corps, ce corps qui me faisait mal [...].*" Nous sommes en présence ici d'un récit typique de NDE ou *Near Death Experiment,* selon une terminologie établie par le Dr Raymond Moody et traduite en français par "expérience de mort imminente" (EMI) ou encore par "expérience aux frontières de la Mort" ou EFM.

Jusque dans les années soixante-dix, la question de la mort semblait presque immuable, insurmontable et sans solution,... sans espoir en quelque sorte... ! Il y a bien toutes ces histoires colportées par les uns ou les autres sur les morts vivants qui

1. Nous nous sommes directement inspiré du récit de Benjamin Menasce publié dans le n°117 HS de Science et Avenir (déc. 1998) sur l'aventure survenue à Danielle Perron.

semblent parfois ressusciter, mais qui en fait ont été enterrés prématurément. Ceux que l'on croyait morts par ignorance, mais qui n'en avaient que l'apparence. Même la religion *Vaudou* a utilisé un stratagème de ce genre, comme certaines sectes initiatiques antiques, pour créer les morts-vivants ! C'est tout le problème de la définition de la mort clinique. Nous en reparlerons au prochain chapitre. Et puis voilà que dans les années 1970/1980 certains médecins et cliniciens américains, redécouvrant d'ailleurs des observations faites depuis longtemps par leurs collègues européens ou orientaux, observent et analysent à la lumière de la science moderne, ce curieux phénomène qu'ils appellent NDE. L'un d'eux va même créer un paradigme et devenir célèbre ! En effet, nous connaissons tous aujourd'hui les théories du Dr Raymond Moody qui publie en 1975 aux États-Unis un ouvrage resté fameux intitulé "*La Vie après la Vie*" exposant et analysant de nombreux cas de témoignages de NDE, qui se révèlent être en fait des expériences proches de la mort et non des franchissements de la mort comme on a d'abord cru. Plusieurs de ses livres, vendus à des millions d'exemplaires, ont largement confirmé le succès, d'abord outre Atlantique, puis mondial, des expérimentations menées par ce chercheur, et d'autres, sur ce qui se passe aux frontières de la mort.

Plus proche de nous, voici un autre témoignage d'une expérience vécue par un jeune homme, Jérémy Bérenger, loin de toute préoccupation religieuse ou spirituelle, dont l'auteur a tiré un article en forme de question intitulé "Evasion vers un autre Ailleurs ou phénomène neuro-biologique ?" [2] et que nous reproduisons ici in extenso :

"Lorsqu'il m'arrive d'évoquer le singulier phénomène auquel j'ai été, bien malgré moi, confronté il y a plus de deux ans, je m'attends à essuyer les pires sous-entendus. (...) Par ailleurs, supportant mal l'alcool, je bois rarement autre chose que du thé, du café ou du lait. Cette mise au point effectuée, resituons le contexte de l'époque. Fin 1992, je traversais une période d'incertitude. Sans emploi, privé des repères indispensables que confère

2. Publié en 1995 par Jérémy Bérenger dans Murmures n°1, revue d'amateurs (Fanzine) de l'Association L'œil du Sphinx.

une vie équilibrée sur les plans affectif et financier, je me trouvais assez déprimé; je ne savais trop comment orienter ma démarche artistique, ni que faire de ma vie. D'un naturel anxieux et perfectionniste, j'ai toujours été en proie à une extrême nervosité, qu'une timidité quasi insurmontable ne fait qu'exacerber. Ceci pour brosser un portrait succinct de mon personnage et démontrer qu'il n'a rien de précisément exceptionnel. J'ajoute que je suis on ne peut plus matérialiste, désespérément athée et allergique à toute religion. Nullement obtus, j'avoue cependant avoir du mal à croire en ce que je n'ai pas expérimenté personnellement. Nous savons tous, qu'un même événement sera vécu, et donc raconté différemment par chacun, en fonction de sa psychologie, de son histoire individuelle et de paramètres aussi divers que subjectifs (état d'esprit du moment, atmosphère d'un lieu, stimuli sonores, visuels...). Je ne vous demande pas de prendre ce témoignage pour argent comptant, je ne prétends pas avoir vécu un phénomène métapsychique qui a changé ma vie, je pense seulement pourvoir dire que ce qui s'est passé en cette nuit de décembre 1992, a considérablement modifié ma philosophie de l'existence. Un ami m'avait présenté Chantal – prénommons-la ainsi – une excentrique scénariste qui se proposa de m'enseigner les rudiments de l'écriture en continuité dialoguée. Ayant remarqué mon état de stress, Chantal m'offrit une cassette de relaxation qu'elle avait elle-même enregistrée, librement extrapolée de ces méthodes de sophrologie en vogue depuis l'avènement du courant New Age. Un détail qui a toute son importance : j'étais tombé amoureux de Chantal, et avec le recul, je pense que ce sentiment a joué un rôle dans ce qui a pu se passer cette nuit-là. Nous étions donc vers la fin du mois de décembre. Chaque soir, je m'accordais un temps de relaxation afin de me préparer au sommeil. Insomniaque, je m'endors rarement avant deux heures du matin. Mes tentatives de descente en Alpha ne s'étaient jamais, auparavant, soldées par des résultats appréciables, ne réussissant à "lâcher prise" que quelques minutes. Cette fois-ci, le phénomène se produisit de manière totalement imprévisible. J'eus conscience de dépasser le stade de relaxation auquel j'étais habitué. Je me sentis littéralement m'élever au-dessus de mon lit, tandis que naissait une sourde rumeur devenant vrombissement. Je fus alors propulsé dans un tunnel parcouru d'éclairs lumineux, dans un état de bien-être inouï que je n'ai plus ressenti depuis. Au bout de ce tunnel, je ne vis pas la lumière indicible dont parlent les disciples d'Elisabeth Kübler-Ross [3]. Je flottais dans un vide constellé d'étoiles, distinguant çà et là des groupes de points lumineux rappelant des systèmes solaires. Devant moi apparut quelque chose qui, je pense, s'apparente à un symbole : un oeil gauche, gigantesque, autour duquel rayonnaient les bras d'une galaxie en spirale. Il m'est difficile de rendre par des mots forcément creux, cette sérénité inimaginable, surnaturelle, qui m'emplissait à cet instant-là. En fait, la vision et la sensation formaient un tout, la vision participait de la sensation.. Si j'étais un esprit religieux, j'oserais avancer les mots d'Unité, de Fusion ... L'idée d'Amour définirait mieux, je crois, la force dont je me sentis pénétré durant cette expérience, qui s'acheva aussitôt, sans aucune transition. J'entretenai une correspondance suivie avec une fille de la région lyonnaise qui se passionnait pour les phénomènes irrationnels. Agnès - c'est son prénom - à qui je me confiai, me conseilla la lecture de la "Source Noire" de Patrice Van Eersel [4], qui venait de paraître en Livre de Poche. Cet ouvrage ne m'apporta aucun éclairage sur ce qui, désormais, était au centre de mes questionnements, pas plus que les autres bouquins que j'ai pu compulser par la suite. La thèse de la NDE ne me paraît pas plus plausible que celle du voyage astral. Je ne me suis pas vu flottant au-dessus de mon corps, je n'ai pas aperçu de silhouette familière au bout du tunnel, je n'ai pas erré ici ou là en des lieux connus ou inconnus, rattaché à mon corps physique par quelque "ombilic d'argent" [5]. Par contre, l'orientation que prit ma vie intellectuelle reflète assez bien les témoignages dont j'ai lu les relations dans les ouvrages évoqués. Dire que je fus saisi d'une frénésie de quête métaphysique serait

3. *Voir la liste de ses publications à la Librairie de l'Inconnu (catalogue général page 156).*
4. *Le Livre de Poche – 1993 et Réapprivoiser la mort, Albin Michel – 1997.*
5. *Cordon astral dont on reparlera dans ce chapitre.*

exagéré. En fait, je puis dire que cette nuit fatidique marqua un seuil à partir duquel je m'employai à réfléchir au sens caché des événements que je traversais, cherchant à voir au-delà des leurres dont se parent celles et ceux dont je croise les destins, dans le désir d'aller plus loin dans l'appréhension de tout ce qui fait la vie, dans l'infiniment petit comme dans l'infiniment grand. Je me plongeai dans nombre d'ouvrages de psychanalyse, de philosophie, de sciences physiques. Evidemment, j'ai essayé de savoir à quoi pouvaient correspondre les symboles de l'œil et de la Spirale. Mais très vite, j'ai compris qu'il me serait malaisé de faire la part des choses entre les diverses interprétations proposées par les précis de symbolique, et les facéties de mon imaginaire. Je pense que le Destin m'offrira un jour de comprendre pourquoi, par une nuit d'hiver, j'ai voulu m'évader vers un autre ailleurs et y rencontrer ce fantastique que j'ai toujours courtisé à travers la littérature, le cinéma, et certains de mes textes. Etant, je le réitère, peu porté vers la spiritualité, j'essaie de trouver une explication scientifique à ce phénomène. Il semble que depuis quelques années les chercheurs officiels se penchent sérieusement sur l'énigme des NDE. D'aucuns postulent l'existence d'un mécanisme de défense visant à atténuer l'angoisse de la mort. D'autres parlent d'un processus biologique résultant d'une mauvaise oxygénation du cerveau. Je me suis entretenu de ce sujet avec Eric Zurcher, un ami chercheur indépendant qui, sans dénier l'empirisme de sa démarche, a noté des similitudes entre les relations de NDE et les témoignages de personnes ayant vécu une Rencontre extra-terrestre du IVe Type [6] (je fais allusion à ces "contactés" qui disent avoir été enlevés à bord d'engins extraterrestres, aux fins de prélèvements anatomiques). Dans les deux cas, on retrouve l'épisode de l'aspiration dans un tunnel, la vision d'une lumière, une sensation d'acceptation, de sérénité ... Eric Zurcher, féru de psychanalyse, m'a fait remarquer que beaucoup de ces témoins, après ce qu'il qualifie de "cassure", se sont investis dans une recherche personnelle peu en rapport, souvent, avec leurs activités, ou leur niveau socio-culturel. Certains vont jusqu'à parler de

6. Rencontre directe avec des "aliens" (étrangers à notre humanité) – cas des contactés – ou assimilable à un enlèvement par ceux-ci.

Renaissance et Eric Zurcher établit un parallèle pas si audacieux qu'il y paraît, entre l'archétype du tunnel (tant dans les récits de NDE que dans les Rencontres du IVe type), et le passage du nouveau-né dans le conduit vaginal au terme de la grossesse, suivi de la confrontation avec la lumière crue de la salle d'accouchement. Cette hypothèse, si farfelue soit-elle, ne peut être rejetée a priori dans la mesure où, rappelons-le, la psychologie des profondeurs et la psychanalyse sont encore du domaine de la spéculation avancée. Si l'on suit le raisonnement de Eric Zurcher, on peut supposer que nous disposerions tous, parmi les multiples systèmes de défense élaborés par notre inconscient, d'un mécanisme qui, à une phase critique de notre évolution personnelle, nous offrirait l'opportunité de naître une seconde fois. Une renaissance symbolique induisant la nécessité d'aller au-delà des présupposés, du terre-à-terre, vers une dynamique de dépassement de soi sans commune mesure avec les faux-semblants auxquels nous cédons tous dans la vie quotidienne. Comme si ces expériences créaient de nouvelles connections entre des parties inexploitées de notre Moi profond. Ce qui n'est pas sans évoquer le processus d'individuation dont parlait Jung, où les tendances conflictuelles du sujet (l'Anima, partie féminine de l'homme, l'Animus, partie masculine de la femme, l'Ombre, cette part de soi que l'on refuse consciemment, mais qui détient ce qui est notre authenticité), une fois intégrées dans la personnalité, induisent l'unité de l'être, qui, en paraphrasant Nietzsche devient "Ce qu'il est", ou plutôt, Celle et Celui qu'Elle / Il est. Avant de conclure, je crois bon d'ajouter que fin décembre 1994, - soit deux ans jour pour jour après ma première expérience -, j'ai revécu l'épisode du tunnel accompagné du vrombissement, mais cette fois-ci ce fut assez désagréable. Je me retrouvai dans une pénombre où, me semble-t-il, se découpait la silhouette en négatif d'un personnage portant une barbe. Je ne puis, bien sûr, étayer mes assertions par des preuves tangibles. Libre au lecteur d'y ajouter crédit ou non, et de s'interroger. Un "pourquoi" implique des "parce que", qui font surgir eux-mêmes des tas d'autres "pourquoi". Au bout du compte, saura-ton jamais ?".

Ainsi s'achève le récit analytique de ce jeune homme, Jérémy Bérenger dont l'intérêt est à la fois dans l'expérience elle-même, mais aussi dans l'analyse qu'il en fait et qui résume assez bien tous les traits importants de l'affaire. Nous partirons de l'hypothèse que l'expériencc décritc, cst authcntiquc et a été effective ment vécue par *Jérémy Bérenger* (que nous appellerons JB dans la suite de ce livre), et non simplement rapportée ou inventée de toute pièce. Il dit d'ailleurs lui-même qu'il ne peut en apporter la preuve formelle. Une certaine expérience de ces questions nous a en effet confirmé dans l'idée que de nombreux "cas" n'étaient en fait que de pures inventions de leurs auteurs sans aucun vécu personnel authentique. Recevoir, identifier, authentifier et analyser ce type d'expérience est très délicat étant donné la part importante de subjectivité qui entoure tous les témoignages. Beaucoup de sujets croient avoir vécu quelque chose (dans beaucoup de domaines d'ailleurs) alors qu'ils ne font que transposer à leur propre personne des expériences vécues par d'autres. Ceci étant posé, il faut ajouter que notre opinion et nos arguments ne prétendent pas être ceux d'un spécialiste en neurophysiologie, ni ceux d'un médecin ou de tout autre thérapeute qualifié. Il s'agit seulement d'une réflexion méthodologique émanant d'un habitué des analyses de phénomènes complexes, étranges et inexpliqués. On reviendra au chapitre VI sur ces questions méthodologiques.

On connaît maintenant assez bien les effets externes du processus de relaxation profonde chez l'homme, même si les mécanismes intimes échappent encore à la science. Les très nombreux rapports publiés dans les pays anglo-saxons, depuis un demi siècle dans ce domaine, montrent que la relaxation "complète" (ce terme restant à préciser) du corps et de l'esprit mène toujours à des visions ou à des sensations analogues à celles décrites par JB avec, certes, de nombreuses variantes, mais où l'on retrouve des constantes et des caractéristiques communes à tous les sujets. Même les travaux les moins académiques, d'un *Patrick Drouot*[7] (connu en France pour appliquer cette méthode aux

7. *Aux Editions du Rocher : "Des vies antérieures aux vies futures", "Nous sommes tous immortels" et "Guérison spirituelle et immortalité".*

techniques de régressions "dans les vies antérieures") sont assez concluants.

Pour comprendre et analyser ce qui ce passe effectivement, il faut d'abord distinguer les cas spontanés, des expérimentations volontaires, où les moyens utilisés pour provoquer la relaxation totale, doivent bien être séparés des buts poursuivis à l'occasion de ces expériences.

S'agissant des moyens, on peut parler de méthodes "douces" et de méthodes "dures" : les premières n'utilisent que la mise en condition psychologique par la voix et parfois la lumière pour modifier l'environnement sensoriel et mental du sujet ; quant aux secondes elles sont généralement plus brutales : utilisation de substances chimiques, recours à l'hypnose, exercices particuliers du yoga, moyens électriques ou d'autres moyens connus (messages subliminaux ?) ou inconnus, agissant directement sur le corps et sur les organes sensoriels. Bien entendu, il n'est pas dans nos intentions de juger ici de l'intérêt ou des dangers éventuels de tel ou tel procédé utilisé.

En ce qui concerne le caractère spontané ou volontaire et les buts poursuivis par l'expérience, on peut faire les remarques suivantes :

- les cas spontanés se manifestent par exemple à l'occasion d'une intervention chirurgicale, d'un accident quasi mortel (d'où l'expression d'expérience de mort imminente) ou simplement après un très gros effort physique lors d'une épreuve sportive.

- les cas volontaires permettent, quant à eux des expériences dirigées en vue d'un objectif prédéterminé correspondent le plus souvent aux catégories suivantes : régression dans "une vie antérieure", "déplacement dans l'astral ", recherche de la connaissance d'un événement lointain dans l'espace ou le temps, tentative de "dépassement" lors d'un rite initiatique... Ils s'appuient donc sur un préjugé (vrai ou faux) à la différence des expériences spontanées.

Dans tous les cas de figure, il importe de faire la part entre les "sensations" ressenties qui relèvent incontestablement de manifestations neurophysiologiques et leurs "interprétations" qui elles relèvent de facteurs culturels ou religieux. Les sensations sont toujours subjectives et personnelles, donc sujettes à caution. Par contre, leur identification par des appareils sont toujours objectives, mais les interprétations données restent à leur tour ambigues par manque de certitude scientifique. Des théories existent, certaines depuis la nuit des temps, d'autres sont plus modernes. Mais entre les théories et l'expérience, il y a un fossé pour ne par dire plus qui sera long à franchir. Dans le cas de JB, il déclare que : "*Le phénomène se produisit de manière totalement imprévisible. J'eus conscience de dépasser le stade de relaxation auquel j'étais habitué. Je me sentis littéralement m'élever au-dessus de mon lit, (...)*". La *sensation* décrite est très classique et fait l'objet d'une *interprétation* bien affirmée des occultistes : le dédoublement astral (voir plus loin). Cette "certitude" n'empêche pas la correspondance avec des phénomènes neurophysiologiques concomitants à l'expérience. L'important est donc de bien définir de quoi l'on parle. Même problème avec les Ovnis : nul aujourd'hui ne peut plus nier la réalité du phénomène; par contre, de nombreuses interprétations sont encore possibles. A ce propos, il est utile de citer ici le n°932 (mai 95) de Science & Vie où l'on trouvera un article intitulé "Ovnis , enquête sur une nouvelle piste": il s'agit de la piste neurophysiologique, à laquelle on pense rarement et qui présente l'intérêt d'éclairer sous un jour nouveau les phénomènes qui nous occupent.

Un autre aspect de la difficulté à appréhender scientifiquement ces faits est l'impossibilité dans beaucoup de cas, de séparer les *causes* de leurs *effets* et les différentes phases dans les effets. Cela est vrai tant au niveau neuro-biologique que dans la compréhension des mécanismes de la théorie "du corps astral". Les comparaisons avec l'étude des rêves ainsi qu'avec l'étude des effets des drogues sur la conscience... seraient d'un grand secours. Nous restons d'ailleurs persuadé que de telles études ont été menées dans ce sens depuis plus de vingt ans, en secret, notamment par les militaires comme on l'a déjà dit au chapitre I.

D'autre part, si l'on se réfère aux théories ésotériques et orientales du mysticisme, on apprend que l'être humain n'est pas seulement constitué d'un corps biologique, mais aussi d'au moins deux autres corps plus subtils et vraisemblablement non matériels à savoir le corps dit "astral" (ou âme) et un corps dit "bouddhique" ou esprit. Sur ces notions complètement invérifiables en l'état de notre science moderne, se greffent donc les termes d'esprit, de psyché, de psychisme et même d'ego... Il faut prendre tout cela comme un modèle, ou mieux comme un système de modèles causals. Cela n'empêche pas d'analyser les mécanismes biologiques (apparents) à travers les concepts et les outils habituels de la neuro-biologie. Encore une fois les faits et les interprétations sont distinctes. Les cartes d'une région et la région elle-même ne sont pas la même chose !

En ce qui concerne la figure de l'œil vu par JB, celle-ci fait immanquablement penser à l'*Oeil d'Horus*. Mais aussi aux yeux des statues ou des figurines babyloniennes, qui peuvent être interprétés, pensons-nous, comme l'archétype du MOI. C'est une image de l'*Oeil Intérieur*, celui qui donne la vision vraie des choses. Pour la tradition ésotérique, - mais on n'est pas obligé d'y croire -, il s'agit de l'aspect spirituel (en fait plus psychique que spirituel) de la glande pinéale (siège physiologique dans le cerveau du fameux troisième Œil), ou encore centre d'énergie n°6 –Ajna Chakra– associé à la conscience et régulateur des fonctions cognitives ; celui dont on dit qu'il correspond au sixième sens... Vous savez ce fameux sens que personne n'avoue mais que tous -ou presque- reconnaissent en secret ! Pourquoi l'*oeil* apparaît-il à ce moment là ? Certainement pour des raisons neuro-biologiques. Cet *oeil* étant un symbole, celui-ci se manifeste justement dans les moments de transition de conscience, et non dans les moments de stabilité nerveuse. D'où le fait que les médiums sont souvent des gens nerveusement déséquilibrés, et que les personnes ordinaires dans leur vie routinière ne peuvent guère ressentir ou avoir de telles visions. Il faut pour l'homme ordinaire, une situation exceptionnelle, inhabituelle, par exemple transitoire ou exacerbée. La relaxation profonde est une situation transitoire et inhabituelle. Bien entendu, on peut toujours attribuer à ce symbole la signification que l'on voudra, et personne (sauf un Maître authentique) ne pourra confirmer ou infirmer telle ou telle interprétation du symbole. C'est d'ailleurs pourquoi les ordres initiatiques gardent le secret sur leur symbolique et leurs rites (moins aujourd'hui qu'autrefois d'ailleurs); afin notamment d'éviter une banalisation qui mène toujours à une perversion et à une dégradation. Reste que de notre point de vue, l'image perçue par JB nous paraît à la fois très classique (et c'est bon signe !) et à la fois très personnelle. C'est le symbole du MOI qui cherche à être identifié.

Pour en terminer avec le témoignage de JB, remarquons qu'il relève autant de l'étude de l'imaginaire que de la parapsychologie, de l'ésotérisme, que de la médecine et de la psychophysiologie proprement dites. L'attitude scientifique authentique consistant à ne rien rejeter à priori, on peut considérer le modèle ésotérique (ou par extension occultiste) comme un modèle interprétatif des causes et non explicatif des effets. Alors que l'approche neurologique doit être comprise comme un modèle explicatif des effets psychophysiologiques. Car rappelons-nous qu'il n'y a pas que les sensations et impressions du témoin qui comptent, mais aussi les variations proprement physiologiques du corps physique, de ses différents composants et paramètres qui ne peuvent être examinés dans le cadre de ce livre.

Même si elle est traumatisante, la NDE (ou EMI) est donc une expérience "extraordinaire", non seulement pour le témoin, mais également pour l'analyste, et ceci quelle qu'en soit la nature réelle, car elle jette une lumière nouvelle sur notre idée du monde (cosmogonie) [8]. On peut même dire qu'elle revêt un intérêt supérieur aux visions de fantômes et d'apparitions vues au précédent chapitre.

Dans son livre "*La Lumière de l'Au-delà*", le *Dr Raymond*

8. Distinguer entre cosmogonie et cosmologie (cf. glossaire).

Moody, dont il faut rappeler qu'il est médecin et psychiatre, va encore plus loin que la simple analyse rationnelle et interprétative du phénomène de NDE. Il en tire des conséquences permettant d'apporter des réponses aux questions suivantes :

- La NDE est-elle une maladie mentale ?

- Que se passe-t-il quand on meurt ?

- Les NDE ont-elles un pouvoir de transformation sur la vie et le comportement des intéressés ?

- Les NDE vécues par des enfants sont-elles différentes de celles des adultes ?

- En dehors de l'intérêt suscité par le phénomène en lui-même, que nous apporte la connaissance des NDE ?

A la première question, à savoir si la NDE peut être assimilée à un dérèglement, pire à une maladie mentale, le Dr Moody répond de manière très ferme non! Dans beaucoup de cas, les personnes à qui cela arrive n'en parlent même pas à leur médecin de peur d'être pris pour des loufoques. Il ne s'agit ni d'*hallucinations*, ni d'une *psychose*, ni de *schizophrénie*. Les symptômes n'ont rien de comparable. Comme dans beaucoup de cas les NDE se produisent dans des conditions où le cerveau souffre d'un manque d'oxygène, certains en ont déduit qu'il s'agissait d'une simple réaction du cerveau en situation d'urgence, correspondant à l'état connu sous le nom de délire. Mais là encore les récits de NDE ne correspondent pas du tout à ceux des délirants.

A la seconde question, qu'est-ce qui se passe quand on est mort, on peut répondre provisoirement qu'on n'en sait rien ! Les deux prochains chapitres vont nous faire entrer dans le détail de ces questions. Car la NDE a permis à tous ceux qui l'ont vécue, de frôler l'aile de la mort mais pas d'être ressuscités d'entre les morts, comme Lazare dans les Evangiles. Même si beaucoup de gens ordinaires ayant vécu une NDE affirment avoir aperçu un monde miraculeux, rayonnant de lumière, abritant des parents décédés, accessible seulement après un long voyage à travers un sombre tunnel, on ne peut toujours pas répondre à la question posée. En fait la NDE est bien une approche de la mort, mais pas la mort. C'est plutôt un retour de l'au-delà; mais cela veut dire qu'il y un au-delà !

Dans cette optique on peut également se demander si l'état comateux n'est pas, en fait, qu'une NDE prolongée ? La réponse est certainement oui. En février 2002 la revue *Sciences et Avenir(n°660)* publiait un dossier tout à fait remarquable sur le sujet "Les miraculés du coma",(page de couverture) montrant comment les expériences de "mort imminente" obligent les scientifiques à repenser la localisation de la conscience. A cette occasion, la revue rappelle notamment les cas de *Philippe Labro*, et de *Jean-Pierre Chevènement*. On sait que les sorties du coma s'analysent à partir de plusieurs situations : les comas courts et sans séquelles psychiques ou organiques, les comas prolongés sans séquelles avec ou sans souvenirs particuliers et enfin les comas courts ou prolongés avec séquelles ou dont on ne revient jamais, l'issue fatale étant la mort définitive du sujet. De plus ces comas induisent assez souvent une modification des comportements ou des idées de ceux qui les ont subis. Et ceci nous permet de répondre à la troisième question posée auparavant. La réponse est presque toujours oui ! Les NDE ont un pouvoir de transformation sur les personnes chez qui elles se produisent. En général elles (ces personnes) deviennent beaucoup plus attentives aux choses de la vie, aux vraies valeurs, et sont beaucoup plus positives. Ces personnes sont en quelque sorte "bonifiées" par le vécu d'une NDE. De plus, le sentiment de peur de la mort semble disparaître chez elles. Désormais elles sont plus fortes. Elles ont presque toutes l'impression d'être reliées à un "Tout" permanent et intangible.

A la question de savoir si les NDE subies par les enfants sont identiques ou différentes de celles des adultes, le Dr Moody répond non ! En fait les enquêtes montrent que les récits sont de même nature, quel que soit l'âge, ce qui renforce encore la présomption d'authenticité du phénomène. Ne dit-on pas que la vérité sort de la bouche des enfants ? C'est encore plus vrai ici qu'ailleurs. Voici exemple, raconté par le Dr Moody, son premier cas de NDE infantile : *"(...) Alors interne dans un hôpital de Géorgie, je procédais à l'examen de routine d'un jeune malade de neuf ans (atteint d'une maladie des glandes surrénales), qui avait fait un arrêt cardiaque un an plutôt et avait failli mourir. Je parlais avec lui de sa maladie quand il me dit spontanément d'une petite voix : «l'année dernière, je suis mort.» Il m'expliqua que, après être mort, il avait flotté hors de son corps. Il voyait, en-dessous de lui, le médecin qui appuyait sur sa poitrine (...). Sam, dans cet état de conscience modifié, essaya d'empêcher le médecin de continuer, mais sans pouvoir attirer son attention. Puis Sam se sentit monter très rapidement dans l'air, tandis que la terre s'éloignait sous ses pieds. Ensuite, il traversa un tunnel obscur. Au bout de celui-ci, il y avait un groupe d'"anges" qui l'accueillit. Mais ils n'avaient pas d'ailes ! Ils "brillaient" me dit-il. Ils étaient lumineux et l'aimaient beaucoup. Il y avait de la lumière partout, et de très beaux paysages campagnards. Cet endroit céleste était entouré d'une barrière. Les "anges" lui expliquèrent que, s'il dépassait celle-ci, il ne pourrait plus retourner à la vie. L'un d'eux le força alors à repartir et à rentrer dans son corps".* Cette relation qui n'est qu'un exemple parmi de nombreux autres semblables, confirme l'unicité des témoignages entre adultes et enfants.

Enfin la réponse à la dernière question, à savoir les conclusions à tirer de l'étude des NDE, paraît maintenant assez claire et même évidente : elle nous montre qu'il existe sinon un monde, tout au moins un stade intermédiaire entre la vie terrestre et le trépas. Que la mort définitive nous mène dans un ailleurs relatif ou absolu, et qu'avant cela il existe un état de conscience provisoire ou un stade fugitif que révèlent les NDE et qui mérite d'être exploré. La discontinuité entre la vie et le trépas n'est pas totale ! Souvenons-nous de cette remarque du grand *Pascal* qui disait que la nature avait horreur du vide. Entre vie et trépas il existe donc une *interface* (selon une expression chère aux informaticiens). Or cette interface ne se révèle pas seulement dans des situations dramatiques comme les NDE. Elle se révèle aussi dans des cas de sorties du corps nettement plus banales.

Le Voyage Astral ou OBE (sortie hors du corps)

Comme on vient de le voir, il est bien difficile de ne pas rapprocher la question NDE d'une autre et très ancienne propriété du psychisme humain, celle connue sous le nom de "dédoublement astral". Quelques explications sont nécessaires, mais avant cela, et pour bien situer le sujet, voici la relation d'une expérience vécue par nous-même [9], présentée sous forme romancée :

> *C'était un jour de pleine lune. La Cité Universitaire de la rue de Budos à Bordeaux était calme et tranquille. Il pouvait être onze heures du soir. Dans le ciel, un clair de lune exceptionnel illuminait l'ensemble du parc et des bâtiments de sa couleur blafarde. Le ciel, dépourvu de tout nuage était pur et clair malgré la nuit, laissant apparaître quelques étoiles par-ci, par-là. A regarder les lumières allumées des fenêtres de la cité, il était aisé d'en déduire qu'un bon nombre d'étudiants révisaient leurs cours ou préparaient leurs devoirs. Ce soir là, Joël n'avait pas d'obligation particulière. Etudiant en mathématiques à l'Université de Bordeaux, Joël manifestait également un goût prononcé (...) pour la peinture.(...). D'autres sujets de prédilections venaient compléter l'univers intellectuel et mental de ce jeune étudiant comme l'ésotérisme et le mysticisme pour ne citer que deux exemples significatifs. D'ailleurs il pratiquait le yoga depuis plus de deux ans, une heure par jour environ : le soir avant le dîner.(...) Le yoga lui procurait incontestablement des bienfaits multiples. Mais au-delà de ces avantages, sa vision même du monde, des gens et*

9. *La version intégrale de ce récit a été publié dans Dragon & Microchips n°6, revue d'amateurs (Fanzine) de l'Association L'œil du Sphinx.*

de la société s'en trouvait modifiée. Au fur et mesure qu'il pratiquait, son système nerveux s'affinait, éliminant peu à peu les scories et autres toxines qui encombraient son organisme.

Nous étions en 1963, vers la fin mai, début juin. Les examens universitaires battaient leur plein, finissant pour certains, commençant pour d'autres. L'air était tiède, chaud par moment, mais sans plus. En cette saison, l'atmosphère et le climat bordelais sont agréables, la température est plutôt clémente et en tout cas nettement plus supportable qu'en plein été. Une fois par semaine Joël avait pris l'habitude de s'exercer à la pratique de la méditation transcendantale. Le plus souvent, le soir vers onze heures. Ce soir là comme les autres fois, Joël ouvrit la fenêtre de sa chambre en grand.(...)

Il se déshabilla. Il plaça sa natte par terre, face à la fenêtre grande ouverte, cette fois-ci en direction de l'Est. S'asseyant par terre, Joël se mis alors dans la position du lotus, la tête haute et le dos droit. Joignant les mains d'une certaine manière, il commença à respirer d'une façon particulière, selon une allure spéciale, à une cadence appropriée à son organisme, en harmonie avec son rythme cardiaque. Tandis qu'il effectuait cet exercice, son esprit se concentrait puissamment sur le disque lunaire qui brillait dans le ciel face à lui. Dans la nuit limpide comme un océan calme, la lune et les étoiles semblaient exercer sur les êtres et les choses une attraction étrange et irréelle. Joël méditait ainsi depuis presque un quart d'heure, lorsque qu'un léger tremblement vint agiter son corps. Oh, rien de très important, seulement un léger tremblement, une vibration inconnue. Son attention était toute entière fixée sur l'astre des nuits et bientôt Joël ressentit un faible picotement sur le haut de la tête. Une légère brise souffla quelque temps par la fenêtre et la lune qu'il voyait blanche, changea doucement de couleur. De blanche et laiteuse avec des taches sombres, elle devint faiblement rosée puis franchement rose avec des taches bleutées. Sans s'émouvoir de ces manifestations pour le moins insolites, Joël continua sa méditation sur l'objet lunaire tandis que lentement d'abord, puis de plus en plus vite quelque chose de lui-même se mit à s'extérioriser. Il lui sembla qu'il quittait son corps. Comme si son esprit, peut-être son Moi intérieur s'échappait en sortant par le haut du crâne. Etrange et sublime sensation que l'on éprouve parfois après un long et violent effort physique. Il commençait à flotter devant lui. Sa conscience, ou ce qu'il appréhendait comme tel, se déplaçait maintenant complètement hors de son corps et passa par la fenêtre pour se retrouver dans le vide au niveau du troisième étage de l'immeuble.

Tout d'abord Joël n'eut pas peur. L'effet de surprise probablement. Il était capable de voir dans toutes les directions de l'espace à la fois. Devant lui, le parc de la cité, sous lui, trois étage plus bas, l'herbe et un banc, à sa droite, le bâtiment, à sa gauche de même, au-dessus, le ciel et la lune qui semblait lui sourire affectueusement et enfin, derrière lui, son corps, (...) assis en posture du lotus, immobile, les yeux fixes et la respiration courte. Joël n'en revenait pas. Quel ravissement ! C'était donc vrai que le dédoublement était possible. Dédoublement spontané, certes, mais combien agréable et voluptueux. Quelle fantastique expérience il était en train de vivre. Le temps ne semblait plus exister. Bien sûr, les yogis le savent depuis toujours, les ouvrages les plus divers y font parfois allusion, mais personne ne veut vraiment y croire. Pourtant le dédoublement (certains parlent aussi de voyage dans l'astral) est une expérience possible. Surtout pour qui sait attendre et pour l'élève qui travaille sans relâche à la pratique de la méditation. Mais habituellement c'est le résultat d'un labeur difficile, souvent dangereux, qui ne peut être entrepris que sous la direction d'un maître confirmé. Une longue préparation mentale et physique s'avère généralement nécessaire à l'obtention d'un pareil résultat. (...) Toujours délicats, rarement faciles, les techniques psycho-physiologiques du yoga demandent patience, persévérance et quelques autres qualités assez peu répandues ; en particulier pour celles qui portent sur les modifications des états psychiques de l'opérateur. Joël se débrouillait donc seul avec ses asanas [10] *sans le moindre secours visible ou invisible apparent. Au bout d'un moment dont il ne put évaluer la durée, le garçon fit un effort mental pour se déplacer volontairement dans l'espace. Mais sans succès. Son Moi ne bougeait plus.*

Il percevait les choses simultanément dans toutes les directions, mais son être semblait subitement s'être immobilisé dans le vide. Le regard de Joël scruta un instant l'espace environnant, découvrant avec étonnement des lueurs fugitives zébrant l'éther par rafales successives. Il avait maintenant la nette impression de flotter dans le vide à l'instar d'un navire ancré au large qui ne peut se mouvoir au-delà de la longueur de son erre. Que faire pour modifier cette situation ? Sincèrement que faire ? Il voulut parler mais aucun son ne s'échappa de sa bouche. Il voulut crier, rien n'y fit. Alors Joël commença d'avoir peur. Peur de rester suspendu au-dessus du vide, peur de ne pouvoir réintégrer son corps physique, peur d'on ne sait quoi encore. Son mental se mis à vaciller. Soudain un vertige terrible le saisit, à droite, puis à gauche et brusquement, son Moi extériorisé se précipita vers son corps. Il fut pris d'une angoisse étouffante et sentit son coeur battre la chamade, comme s'il venait de faire un cent mètres. Puis ce fut le trou noir. Plus rien. Joël venait de se réintégrer. Au moment de cette réintégration, Joël était tombé dans le coma. Le

10. Prononcer assana (mot sanscrit signifiant posture ou exercice).

fameux voile noir des aviateurs. Mais cet état avait été assez bref. Au total l'expérience n'avait duré que quelques minutes seulement, une dizaine tout au plus - la montre de Joël en témoignait - et pourtant il lui sembla à son réveil être parti depuis un siècle au moins. Faisait-il froid dans la pièce ? L'étudiant se posa la question. Il éprouvait une désagréable sensation de froid alors que la température ambiante n'avait vraisemblablement pas changé en dix ou quinze minutes.

Il se sentit également gagné par le sommeil. Alors il mit son pyjama puis se coucha après avoir partiellement refermé sa fenêtre de chambre. La nuit se passa sans histoire. Joël dormit à poings fermés. Il rêva de paysages merveilleux, de voyages extraordinaires où il volait comme un oiseau au-dessus de dunes de sable fin. La lune, comme la veille au soir, lui souriait encore dans ses rêves.

(...) Cette fois, le jeune homme avait décidé se dédoubler de manière dirigée et non plus spontanée. Les renseignements utiles à ce type d'opération lui étaient fournis par quelques-uns des ouvrages qu'il lisait de temps à autre dans le but de parfaire ses compétences en matière d'occultisme.

La journée ne connut pas de surprise ou d'événement particulier. Joël fit donc ses exercices d'avant dîner comme à son habitude puis mangea légèrement pour ne pas entraver par quelque alimentation trop lourde le succès de l' opération. Les conditions atmosphériques et les configurations astronomiques étaient semblables à celles de la veille. Joël prit quelques précautions pour s'isoler du reste de l'étage, de manière à ce qu'on ne pût le déranger pendant son expérience. Les personnes qui tentent ce type "d'aventure" doivent en effet se prémunir contre les dangers liés à la perturbation de l'environnement susceptibles d'entraîner une interruption de l'expérience : sonnerie du téléphone, intrusion intempestive, bruits...

L'étudiant plaça donc une veilleuse dans un coin de la pièce pour assurer un éclairage minimum et éteignit toutes les autres sources lumineuses. Le grand départ allait commencer.

Assis sur sa natte Joël se concentra sur le disque lunaire comme la vieille. Accompagnant sa concentration par la récitation mentale de quelques formules hermétiques et de prières spéciales, il fit quelques gestes particuliers avec ses mains et surtout se mit à respirer selon un rythme précis.(...)

Le cycle fut répété un certain nombre de fois. Ce travail préliminaire dura un certain temps au bout duquel Joël se leva, tendit les bras en l'air puis s'allongea par terre, sur le dos, la tête à l'Est et les paumes des mains tournées vers le ciel. Il continua ainsi à respirer en suivant son propre rythme cardiaque, très doucement et sans effort. Les spécialistes appellent cela une hyperventilation pulmonaire. Faut-il préciser qu'une telle pratique bien que souvent bénéfique, est déconseillée sans avis médical ?

La "récompense" ne tarda pas à se manifester. Joël, dont presque tous les sens étaient engourdis (sauf la vue), n'entendait plus et ne sentait plus ce qui se passait autour de lui. Cherchant à sortir de "lui-même ", il commença par se lever, la tête et le torse d'abord, les jambes et les pieds ensuite. Puis son double se sépara lentement de son corps pour se déplacer à la verticale. Etrange sensation que celle de se voir allongé par terre, immobile, comme mort ou en dormi, alors que son Moi se meut dans l'espace environnant. Il eut soudain la perception, bien que fugitive, d'un cordon, ou fil assez fin reliant son double à son corps physique. Ce cordon psychique semblait animé d'un curieux mouvement d'oscillation totalement indépendant de sa volonté. Autour de lui les choses n'avaient guère changé si ce n'est leur couleur peut-être. A la différence de la veille, tous les objets émettaient un faible halo coloré. Probablement ce que l'on appelle l'aura. N'eussent été les murs de sa chambre, Joël se serait cru dans une immense galerie des expositions, ouverte à tous les cieux.

Il avançait maintenant dans la direction imposée par sa volonté. Le mur sud n'offrit aucune résistance à son double lorsqu'il voulut le traverser. «Incroyable... - pensa-t-il -, voilà que je traverse les murs maintenant !» songeant aussitôt au "Passe-muraille" de Marcel Aymé. A peine avait-il évoqué le titre de ce livre qu'une réplique ou image de celui-ci se présenta devant lui.

Regardant ensuite vers le Nord, Joël aperçut des silhouettes étranges mais relativement familières en même temps : une tête de chat, une autre de taureau et des statues de dieux ou pharaons égyptiens. Ces statues géantes entièrement taillées dans la pierre précieuse, rubis, émeraudes et autres topazes, le fixaient d'un regard froid et pesant. Joël n'y comprit rien. Comme pour se prémunir d'un éventuel danger, il tenta un signe de croix, puis un second. Alors, dans un bruit de tonnerre, un violent éclair zébra le ciel qui aussitôt se fendant en deux, éclaira la nuit noire. Surgissant du néant, une forme humaine apparut devant lui. Le personnage, vêtu d'une sorte de robe blanche avec une ceinture rouge vif, étrangement semblable à lui-même, posa son regard sur Joël effaré et lui adressa un sourire bienveillant. Devant lui, l'étudiant avait une image de lui-même, un double en quelque sorte. Fixant l'apparition avec un étonnement manifeste, le jeune homme osa une question :

- Qui êtes-vous ? interrogea-t-il avec angoisse.

- Je suis toi-même, lui fut-il répondu. La voix était

douce et sûre.

Quelque peu rassuré, bien qu'encore un peu inquiet, Joël reprit :

- Comment ça moi-même ? Voulez-vous dire que...

- Je suis toi-même, au plan céleste. Je suis ton ange gardien, le veilleur de ta conscience, Celui qui préside à ta naissance et ta mort !

- Dans ce cas vous pouvez me guider dans ce monde et me montrer ses richesses ?

- Non ! Le temps n'est pas encore venu pour cela. La fermeté de la réponse ébranla quelque peu le jeune homme qui flottait maintenant à une altitude telle que tout le paysage environnant du départ avait proprement disparu. La cité universitaire n'était plus qu'un lointain souvenir et la ville de Bordeaux elle-même s'était volatilisée. Le jeune homme tourna son regard à droite puis à gauche mais ne vit rien d'autre qu'une multitude de flambeaux scintillant dans la nuit sans fond. Son ange gardien, son image "céleste" se tenait toujours là, plantée pour ainsi dire devant lui à distance de quelques mètres. Mais que signifiaient les mètres et les distances en de pareilles circonstances ?

Esquissant un faible sourire, comme pour l'apaiser, le personnage déclara :

- Tu es venu ici avant l'heure. Ton voyage est prématuré. Reprend tes exercices ordinaires sans brûler les étapes. Ne tente plus l'aventure solitaire car les dangers sont nombreux et tu vis dans l'ignorance. Avance d'abord sur la grande route et sur le chemin tranquille avant de prendre des risques inutiles. Je suis ton Guide... Rentre chez toi, ferme bien la fenêtre et reprend ton sommeil. Lorsque le jour et l'heure sonneront, un signe t'avertira. Je serai là pour te prendre par la main.

Joël voulu répondre, mais déjà la forme de son

"image" s'estompait. Bientôt le vide le plus absolu se fit autour de lui. Les statues de pierres précieuses s'étaient évanouies depuis longtemps. La lumière des flambeaux ne brillait plus dans l'espace. L'apparition pâlit pour se désintégrer tout à fait au bout de quelques temps. Joël ne voyait plus, n'entendait plus rien. A nouveau, comme lors de sa première sortie le jeune étudiant ne tarda pas à ressentir le vertige des abîmes sans fin. Son esprit vacilla et comme au premier jour il fut saisi d'une angoisse insurmontable.

Tombant du néant dans la matière, sa conscience chercha désespérément quelque chose à laquelle se raccrocher, mais en vain. Seule la mémoire de l'inconscient retiendra le long cri qu'il poussa en rentrant sur terre après avoir traversé les ténèbres insondables de son propre inconscient. Joël se réintégra douloureusement. Dur fut aussi le réveil.

En ouvrant les yeux quelques heures après son départ, Joël se sentait terriblement lourd et conservait de cette seconde sortie, une très forte impression de malaise. Certes il venait de vivre là son premier voyage véritable. Mais les paroles prononcées par son ange gardien résonnaient encore à son esprit. Il fallait être raisonnable désormais. Joël décida donc de suivre les conseils de son Moi "céleste" et d'attendre, pour aller plus loin, le signe ou le signal promis.

Certains lecteurs se souviendront peut-être de l'interview accordée par Patrick Poivre D'Arvor sur TF1 le 8 mars 1990, à Anne et Daniel Meurois-Givaudan, lors de l'émission Ex-Libris. Le couple d'écrivains parlant alors de son dernier ouvrage, *Les Robes de Lumières* (Editions Arista), fit part aux téléspectateurs ébahis de ses expériences (celles du couple) de "Voyages dans l'astral" et de toutes les découvertes relatées dans ses précédents écrits [11]. C'est en effet, avec *Récits d'un Voyageur de l'Astral* et

Terres d'Emeraude, que le couple inaugure une série de "reportages", si l'on peut dire, sur les singulières expériences auxquelles ils ont tous deux réussi à se livrer depuis quelques années, c'est du moins ce qu'ils prétendent !

Terres d'Emeraude, sous titré *Témoignages d'Outre-Corps*, constitue en fait la suite directe de *Récits d'un voyageur dans l'Astral*, mais aussi une continuation aux ouvrages sur les *Esseniens* (l'autre visage de Jésus) et sur *Shamballa* (un pèlerinage vers Soi) qui ont ouvert cette collection.

Une étonnante série de témoignages sur l'univers de l'au-delà, que l'on peut, paraît-il découvrir grâce à la technique dite de sortie en astral par laquelle il serait possible de quitter son corps de manière consciente et de pénétrer "librement" les territoires d'outre-corps et d'outre-mort. Dès la première page, les auteurs souhaitent avertir le lecteur qu'il ne s'agit pas ici de fiction mais de réalité vécue. Doit-on les croire ? *That is the question.* Pour notre part nous admettrons ici que tout ce qui est relaté dans ces livres est vrai et authentique, quitte à revenir ultérieurement sur cette question. En ce qui concerne la théorie et les techniques du "voyage dans l'astral", le lecteur pourra se reporter à l'un des rares ouvrages en langue française qui fasse toujours autorité en la matière : "*Méthode de Dédoublement Personnel*" de *Charles Lancelin* (Editions Fernand Lanore / François Sorlot - 1986). En dehors de ce pavé de presque 500 pages, il existe de nombreux livres sur la question. Beaucoup sont fantaisistes, d'autres expriment un point de vue assez courant dans le monde de l'occultisme, qui reprend d'ailleurs à son compte de très anciennes croyances et pratiques magiques de tous les temps et de tous les pays. Celle de l'existence autonome de l'*Esprit* et d'un univers lui correspondant, à savoir l'*astral* souvent dénommé *monde éthérique* selon une terminologie chère aux théosophes de la fin du XIXe, mais assez mal venue dans ce sens qu'il ne s'agit pas du monde des astres ni du vide cosmique (on disait éther autrefois), mais plutôt d'une autre dimension de l'espace-temps. La science moderne n'a pas encore véritablement fait son entrée dans cet

11. cf. Bibliographie.

univers, bien que depuis longtemps, médecins, psychiatres et autres thérapeutes s'intéressent aux phénomènes de survie après la mort et aux déplacements de la *conscience* dans cet espace-temps. La théorie du dédoublement est à la fois simple et invérifiable dans l'état actuel des connaissances scientifiques. Elle admet (suivant en cela les plus anciennes croyances mystiques) que l'être humain est doté non pas du seul corps physique que nous connaissons tous à l'état de veille, mais de plusieurs corps plus ou moins denses et plus ou moins autonomes, imbriqués les uns dans les autres un peu à la manière des poupées russes mais sur des plans de conscience différents ; d'où leur invisibilité en temps normal. A la mort, le "corps astral" ou premier corps d'énergie (second si on admet l'existence du corps éthérique), identique à celui utilisé par l'âme comme "véhicule" dans le monde des rêves, survivrait au corps physique pour continuer le plan de vie individuel et permettre ensuite une nouvelle incarnation dans le monde terrestre. En attendant, cette ultime échéance, il est possible, toujours selon les occultistes et le couple Meurois-Givaudan, de se "promener", à titre provisoire, et sous certaines conditions, dans cette autre dimension, soit de manière consciente et volontaire,– exemple donné dans *Terre d'Emeraude*–, soit de façon consciente mais totalement involontaire comme cela arrive – paraît-il à beaucoup d'entre nous. Malheureusement, le "merveilleux" distillé au fil des pages des récits du couple Meurois-Givaudan, peut justement faire douter de la véracité des événements décrits. On y découvre par exemple que les Ovnis et autres soucoupes volantes ne sont rien moins que des véhicules de matière-énergie (il s'agirait donc bien d'une espèce subtile de machines !) utilisés par "d'autres hommes" pour parcourir le cosmos depuis la nuit des temps. Cette idée sur la nature exacte et l'origine des Ovnis n'est d'ailleurs pas nouvelle. Rêve-t-on, ou assiste-t-on à la découverte réelle d'un monde parallèle, pourtant si proche de nous et en même temps si inaccessible ? Beaucoup plus sérieux est l'ouvrage magistral de *Jérôme Bourgine "Le Voyage astral ou enquête sur le voyage hors du corps*" (Ed du Rocher – 2002) qui fait vraiment le tour de la question pour ces dernières années. Quelques mots sur ce travail ne sont pas superflus.

Out of Body Experiences (OBE), ou dédoublement astral, est ici le terme anglo-saxon équivalent à NDE pour les expériences de mort imminente. En français on dira expérience hors du corps ou EHC, que l'on qualifie toujours (faute de mieux) dans beaucoup de milieux médicaux, et psychiatriques (psychologues et psychanalystes inclus) de "dédoublement de la personnalité" (sic).

Les expériences de sorties du corps (pour simplifier on gardera l'acronyme OBE, comme on a fait avec NDE) sont connues de la plus haute antiquité et ont fait l'objet dans toutes les cultures et religions d'une codification à peu de chose près quasi uniforme et universelle. Ce n'est pas parce que l'esprit matérialiste des trois derniers siècles a oublié ce phénomène (disons cette propriété) qu'il a pour autant disparu. De nombreuses personnalités plus célèbres les unes que les autres, comme *Dostoïevski*, *Tolstoï*, *Goethe*, *Edgar Allan Poe*... reconnaissent avoir eu au moins une fois dans leur vie une décorporation. L'étude du phénomène a été largement menée aux USA dans les Laboratoires de *l'American Society for Psychical Research* [12], où le cobaye *Alex Tanous*, un médium professionnel procédait à de multiples expérimentations, sous contrôle, prouvant la réalité objective du phénomène.

Sur le plan religieux, la preuve est pratiquement faite de la relation intime qu'il y a entre l'OBE et la bilocation. Il ne peut y avoir bilocation, que parce qu'il y a dédoublement. Les religieux et les mystiques de tous les pays et de tous les temps sont très nombreux à avoir connu des OBE. Bien que l'Eglise Romaine (depuis trois ou quatre siècles) refuse d'accepter la réalité du phénomène (tout au moins son importance spirituelle !), la biographie des Saints en est remplie. Dans le nouveau testament on trouve de multiples allusions au "corps spirituel" (notamment Saint-Paul dans sa première *Epître aux Corinthiens* : "*s'il y a un corps animal, il y a aussi un corps spirituel...*") ainsi que dans

12. *Equivalent américain de la SPR de Londres et de l'IMI à Paris.*

tous les textes sacrés du monde. Ceci nous amène donc à examiner les fondements de la théorie des corps telle qu'elle est présentée par la gnose occidentale et les cosmogonies religieuses orientales, qui valent bien les schémas matérialistes de l'existence (souvent appauvrissants), en vigueur dans nos contrées de l'Ouest depuis le siècle dit des Lumières !

Pour situer la question de manière un peu plus précise voici comment La Tradition ésotérique ou occultiste classe les choses selon la théorie des trois corps (même approche que les doctrines ésotériques des Eglises chrétiennes et que ... certains médecins du New-Age; cf *La Médecine des trois corps* de Jeannine Fontaine) :

- pour vivre au niveau de l'univers biologique (niveau d'énergie dense), il faut un corps physique doté de divers sens (cinq pour l'homme),

- le monde du rêve et celui de la mort relèvent de la même dimension (ou état de conscience ou niveau d'énergie ou encore plan cosmique) ; le premier étant accessible de manière inconsciente et périodique pendant certaines phases du sommeil (sommeil paradoxal) et le second de manière définitive après rupture du "cordon d'argent" reliant le véhicule du second corps énergétique (corps astral) au corps physique.

- Entre ces deux corps, biologique et astral, vient s'insérer un élément intermédiaire appelé *corps éthérique* qui n'est qu'une interface de nature électromagnétique faisant le lien entre les deux niveaux de conscience.

Il existe des techniques particulières pour accéder temporairement et consciemment à cet autre plan cosmique. Ces techniques mettent en lumière une physiologie occulte (cachée) très complexe de la constitution humaine, largement décrite dans les "manuels" des différentes écoles théosophiques ou mystiques.

Enfin, la possibilité d'explorer de façon symbolique et intuitive cet autre plan de conscience, est offerte à travers les rituels initiatiques. Ceci permet notamment d'avoir connaissance d'informations sur le "passé" personnel ou collectif (vies antérieures) des individus et éventuellement le futur, grâce à une vision dans l'espace-temps (trois dimensions spatiales, plus une dimension temporelle) ou par déplacement dans quatre dimensions spatiales de la conscience objective. Tout ceci rejoint assez les concepts théoriques de la physique moderne, bien que les modes d'emploi ne soient pas les mêmes. Plusieurs physiciens de haut niveau se sont d'ailleurs intéressés de très près, depuis déjà fort longtemps, à toutes ces sujets. Il est à prévoir une prochaine convergence de ces théories "mystiques" avec celles de notre science dans les années à venir au sein d'une nouvelle théorie de l'univers, enfin unifiée, qui intégrera la métaphysique (ou super physique) à la physique actuelle proprement dite.

En attendant de voir se profiler ces nouvelles découvertes, et ces nouvelles tendances, on peut s'intéresser à ce qu'on appelle la mort sur le plan biologique et clinique et les conséquences qu'on peut en tirer sur la connaissance de l'au-delà.

C'est l'objet du chapitre III.

CHAPITRE III

Mort physiologique, la mémoire biologique, aux frontières de la mort et théories sur l'allongement de la vie
De la putréfaction des corps et de ses exceptions

"(...) sous ce marbre repose, non sa cendre,
mais sa chair flexible, incorruptible,
dont le parfum très suave est le signe merveilleux de sa gloire"
(inscription gravée à proximité du corps incorruptible
de sainte Thérèse d'Avila)

"Toute conclusion suppose des prémices;
ces prémices elles-mêmes ou bien sont évidentes (...)
et n'ont pas besoin de démonstration,
ou bien ne peuvent être établies
qu'en s'appuyant sur d'autres propositions,
et comme on ne saurait remonter ainsi à l'infini,
toute science déductive (...), doit reposer sur un certain
nombre d'axiomes indémontrables"
(Henri Poincaré)

Evoquer la mort physique de l'individu, c'est d'abord constater l'arrêt de l'activité du corps et des fonctions vitales qui l'accompagnent. C'est ensuite constater que celui-ci est corruptible. Nous connaissons tous la sentence biblique *tu n'es que poussière...* Ce corps que nous appelons physique, auquel nous tenons tant, car de prime abord nous n'en connaissons pas d'autres, est en fait, un corps biologique. Il est de nature biologique, c'est un organisme vivant, qui contient en lui tous les règnes de la nature : le règne minéral, le règne végétal, le règne animal, jusqu'au niveau le plus évolué dans ce dernier degré, celui des mammifères. Comme on le sait, toutes les substances organiques ne sont pas vivantes, exemple le plastique ! Or le fait qu'une substance soit vivante, implique qu'il existe une force autre que celle résultant d'une simple combinaison moléculaire (ici les molécules organiques) dans un complexe de champs électromagnétiques particuliers, pour constituer la "matière vivante" ! Nous n'allons pas nous étendre ici sur le vieux débat philosophique et scientifique du "qu'est-ce qui est vivant" et "qu'est-ce qui ne l'est pas". Ni sur celui de savoir où commence le vivant dans l'ordre de la nature. Pour les Anciens comme pour les actuels tenants d'une vision spiritualiste de l'univers, il existe une "force vitale" à la source même de la notion du vivant (le *Prana* pour les hindous) qui ne peut se confondre avec des forces électromagnétiques ou gravitationnelles. La connaissance de l'au-delà ne pourra donc scientifiquement se définir que par rapport à la limite de notre corps biologique; cette limite est celle de la mort effective. Pour les hommes ordinaires, cette mort se déroule en plusieurs étapes : la mort clinique, la mort physiologique, puis la décomposition des cellules et du corps tout entier. Or il arrive que pour certains êtres d'exception (les saints ou les grands mystiques par exemple) ce processus ne se déroule pas ainsi. Même si la mort clinique est constatée, il ne s'en suit pas nécessairement de mort physiologique ni de décomposition. Il se produit alors un miracle : l'*incorruption* du corps ! Ce phénomène incroyable, reste inexpliqué de la science. Bien que celle-ci soupçonne depuis longtemps déjà, l'existence dans les cellules (nerveuses notamment) d'un principe "naturel" de conservation de la forme. Un tel principe a été appliqué par la physique aux formes métalliques, au cours de ces trente dernières années. Mais il y a loin de la structure métallique à la cellule humaine ! Une discipline médicale "nouvelle" a bien tenté, depuis quelques décennies déjà, de se mettre en place pour étudier avec précision les règles et les lois du processus de la mort physiologique et de ses exceptions. On lui a donné le nom de *thanatologie* (de *thanatos* qui veut dire mort en grec). Dès la fin de la seconde guerre mondiale, le *Père A. Gautier*, SJ, écrivait : "*La biologie devrait avoir pour verso une science de la mort, une "thanatologie", mais la non-existence de ce mot, indique qu'on ne l'a même pas ébauché*" [1]. Rares sont les ouvrages ou les études disponibles sur ce sujet, en dehors des milieux spécialisés (biologistes et physiologistes, auxquels ont peut ajouter les médecins légistes). Les études spécialisées dans ce domaine sont souvent difficiles à consulter, mais également difficiles à lire ou à comprendre. Nous allons donc nous référer, pour l'essentiel, au livre de notre ami (et maître), le Dr *Hubert Larcher* [2] *"La Mémoire du Soleil" (cf biblio : publié une première fois chez Gallimard en 1957, sous le titre : "Le sang peut-il vaincre la mort ?").*

L'appréhension de l'au-delà peut aussi se faire à partir des éléments matériels encore peu explorés des organismes vivants. Ce qui signifie que les mystères de cet au-delà ne peuvent être réduits, si l'on peut dire, aux aspects "astral", mental, psychique et neurologique de la phénoménologie humaine. Il faut également prendre en compte la question de la mort physiologique, et de manière concomitante, celle des mécanismes du vivant et de l'une de ses conséquences les plus spectaculaires : l'allongement possible de vie organique et peut-être de la survie du corps. Organique, justement par opposition à psychique ou spirituelle, d'une part, et par opposition au minéral pur d'autre part. Car là encore il est souvent difficile de bien distinguer l'un de l'autre, lorsqu'on se trouve aux frontières.

1. *Bulletin de l'Université de l'Aurore (1944).*
2. *Ancien chercheur, puis responsable de l'IMI... lui aussi !*

Mais ce corps biologique, de quoi est-il réellement constitué ? Les différents règnes évoqués ci-dessus peuvent se résumer par cinq niveaux existentiels constitutifs de notre être corporel ou structure biologique :

- 1) le niveau ou système matériel basique et architectural : celui du squelette. Il représente le minéral, même si les os sont des pièces organiques complètes et pas seulement minérales au sens strict de la chimie. C'est la seule partie du corps qui reste après la mort, et cela pendant une durée très longue; plusieurs milliers ou millions d'années parfois. Cette constatation vaut d'ailleurs pratiquement pour tous les vertébrés et même pour la coquille des invertébrés, puisqu'elle est constituée de calcaire.

- 2) Le niveau ou système fluidique au sens large, qui représente l'aspect végétal de l'homme : les fluides et les circuits vont permettre des échanges intercellulaires et l'alimentation du corps en énergie. Dans ses aspects purement physiques, cette énergie est connue sous les formes thermique et électrique, notamment. Mais lorsqu'on constate le réseau invisible des méridiens d'acupuncture utilisés par la médecine chinoise depuis si longtemps, force est d'accepter la présence d'une autre énergie, appelée *prana* ou fluide vital universel.

Il faut comprendre par là, les quatre circuits de base : le circuit sanguin (porteur lui-même du fluide vital), le couple lymphatique et ganglionnaire ainsi que tout le système humoral associé, le double système nerveux et neuronal ; système qui constitue le lien avec la partie psychique de l'homme, et dont le corps éthérique (premier corps invisible aux cinq sens habituels) est l'interface électromagnétique avec le corps biologique, comme on l'a déjà dit.

- 3) Vient ensuite la chair ou le système musculaire au sens très large, tendons, cœur, viscères et matière grise du cerveau inclus. Il faut donc comprendre là-dedans les différents organes comme les reins, le foie... Ceci correspond au niveau physiologique de l'homme proprement dit, bien que cela ne soit pas spécifiquement humain.

- 4) Le quatrième niveau consiste en l'aspect électromagnétique, situé à la frontière de la fonction psy ; cette réalité électromagnétique du corps a longtemps été ignorée ou assimilée à la "Force Vitale" (terminologie imprécise, utilisée par les anciens). Comme l'avait déjà constaté il y a plus d'un demi siècle le Père *Teilhard de Chardin*, cette fonction électromagnétique, à la frontière du psychisme, est répandue dans tout l'univers, jusqu'au moindre atome, mais essentiellement concentré dans l'homme. Celui-ci représente donc le "milieu du monde", car ce qui est en haut est comme ce qui est en bas, selon le vieil adage grec.

- 5) Au-delà du psychisme "élémentaire" se trouve le niveau spirituel ou niveau de conscience le plus élevé. En deçà, se trouvent des éléments vitaux dont on aimerait bien connaître certains des mécanismes intimes, à partir du moment où le corps peut être considéré comme mort, et ce qui se passe ensuite avec ses éléments constitutifs. Enfin, les découvertes de ces vingt dernières années sur la *mémoire cellulaire* nous suggèrent l'existence d'une mémoire des expériences terrestres vécues par le sujet. On utilise en *Kinésiologie*[3] une technique basée sur la mémoire dite du corps. Il s'agit en fait de la mémoire neurologique du corps, dont les informations enregistrées depuis la naissance, et cachées quelque part dans notre inconscient psychique et cellulaire, resurgissent à l'occasion d'une technique de tests musculaires très symboliques. Or de nombreuses manifestations dites de l'au-delà font appel à des informations probablement enfouies dans la mémoire cellulaire. C'est à la frontière de la vie et de la mort que se situe la clef.

Mais, au fait, qui est mort ?

Est-ce le corps ou le sujet ?

C'est le sujet, bien sûr ! Mais comment le sait-on ? Réponse évidente dira-t-on. Pourtant, pas aussi évidente que ça ! La connaissance que nous avons de la mort physiologique dépend

3. *Méthode thérapeutique moderne, non reconnue par la médecine officielle.*

un peu de l'état de nos connaissances. On peut être cardiaquement mort, cérébralement mort... Dans le premier cas, le cœur a cessé de battre; ceci n'empêche pas certains fakirs et yogis de ralentir leur cœur de telle manière qu'il faut un stéthoscope pour se rendre compte que celui-ci n'est que ralenti à l'extrême, mais non complètement arrêté (l'oreille sur la poitrine ne suffisant plus !). Dans le second cas, le cerveau n'est plus irrigué. Mais les cellules du corps continuent à vivre encore longtemps. Peu à peu le sang refroidit et le corps avec. Les différentes fonctions vitales sont suspendues. On admet aujourd'hui que la mort peut être définie par la mort cérébrale. Il s'agit donc là de la mort clinique mais pas encore de la mort physiologique. Ceci n'est qu'une constatation, jamais une explication !

Quant à la cause de la mort, il y aurait beaucoup à dire, si l'on y regarde de près, même si une telle idée peut paraître quelque peu scandaleuse. On constate la mort et on la classe comme naturelle (ou dûe à une cause dite naturelle, ce qui ne veut pas toujours dire grand chose), accidentelle (accident de cheval, de voiture, ou noyade...) ou provoquée volontairement (meurtre ou suicide, techniquement c'est la même chose). Dans de nombreux cas, les savants comme les enquêteurs, restent encore incapables de dire ce qui a réellement rompu le lien avec cette force vitale que nous évoquions plus haut. Pourquoi une balle de revolver reçue en pleine poitrine entraîne-t-elle la mort presque immédiate de l'individu ? Est-ce la force du choc qui projette vers "l'extérieur" le double éthérique ou astral libérant ainsi la force vitale ? Bien entendu si la balle percute un organe vital comme le cerveau ou le cœur, il est clair que la machine humaine ne peut plus fonctionner. On comprend dès lors que survienne la mort. Mais quand il ne s'agit pas d'un organe vital, les raisons précises qui entraînent la mort ne paraissent pas toujours très claires. Les différents systèmes constitutifs du corps ne meurent pas tous en même temps, c'est pourquoi on ne peut assimiler la mort corporelle immédiate (ou presque immédiate) avec la mort physiologique. De plus il est fort probable que la mort successive des différentes parties du corps, laissent quelques résidus psychiques propres à chacune des principales fonctions vitales. Ceci explique vraisemblablement la complexité des rites mortuaires et funéraires appliqués dans les différentes religions. Entre la dissolution progressive du corps éthérique, la délocalisation ou l'éloignement du corps astral et "l'envol" de la conscience, il y a symboliquement les "mêmes" distinctions à faire que dans la dislocation des divers membres du corps physique. On pourrait d'ailleurs faire une belle analogie avec le mythe d'*Osiris* sur cette question.

Mais c'est en examinant les causes de la non mort physiologique, c'est-à-dire la non putréfaction de certains corps qu'on peut espérer éclairer les mécanismes intimes qui existent entre la chair et l'esprit !

Souvenons-nous du principe de conservation des formes (ou de la forme) évoqué au début de ce chapitre, à partir des cellules du corps et en particulier des cellules nerveuses. Est-ce ce principe qui maintient en leur forme les corps incorruptibles, poussé par la force spirituelle (ou rayonnement spirituel) du défunt ?

Parmi les cas assez nombreux d'incorruptibilité de la chair, nous en retiendrons trois, à titre d'exemple, pour plonger dans ce phénomène si étrange, et si dérangeant pour la science officielle :

- le cas de *Léonie Van den Dyck,*
- le cas de *Joseph (Youssef) Makhlouf*[4]*, et*
- le cas de *Sainte Thérèse d'Avila.*

Conformément à la malédiction consécutive au péché originel, le corps humain retourne à la poussière après la mort. Certes la médecine et la biologie ont fait, depuis la fin du XIXe siècle, d'importants progrès et commencent à mieux comprendre aujourd'hui les diverses étapes du processus complexe de décomposition cadavérique. Mais il manque encore de sérieux

4. Le Père Charbel que nous avons évoqué au chapitre I.

éclairages sur ce qui sous-tend le système cellulaire et sur les propriétés intimes du sang. Dans ses grandes lignes, les étapes de la décomposition sont les suivantes :

-aux heures suivant le décès (mort clinique) le corps perd sa chaleur naturelle et acquiert le froid de la mort. Puis vient la rigidité cadavérique qui d'ailleurs disparaît au bout de quatre jours environ.

- le sang a quitté les vaisseaux et s'est amassé dans les parties déclives [5] du corps. Les globules rouges se dégradent, puis meurent, faute d'oxygène et de sucre.

- puis, les bactéries aidant, les cellules se décomposant libèrent divers gaz dégageant une odeur pestilentielle. Les tissus entrent donc en putréfaction. Au bout de quelques semaines, la production de grandes quantités de gaz provoque un gonflement du corps, qui prend alors une teinte sombre.

- enfin, larves, vers et insectes divers attaquant les tissus, dévorent les restes de graisses et de textiles, jusqu'au squelette. Beaucoup plus tard, et selon les conditions d'inhumation, ce squelette est peu à peu réduit en poussière à son tour. Mais il arrive aussi que les conditions physico-chimiques de l'environnement de la dépouille mortelle permettent une certaine conservation de ce celui-ci. Grâce à quoi, les archéologues et autres paléontologues peuvent faire leur travail. La nature du terrain d'ensevelissement, l'humidité ambiante, et d'une manière générale, les conditions climatiques favorisent, ou non, une telle conservation.

Il est difficile d'évaluer la durée du processus réel de décomposition. Celle-ci varie (parfois, du simple au double) selon les individus. Mais les différentes étapes obéissent cependant à une règle commune (semble-t-il) à tous les corps vivants.

Or il arrive que certains corps échappent de manière spectaculaire à cette règle générale ! Dans ce cas, le processus de décomposition cadavérique est soit ralenti, soit purement et simplement stoppé. On connaît quelques causes naturelles suscep-

5. Parties basses relativement à la pesanteur : le dos pour un homme allongé.

tibles d'interrompre ce processus comme le froid intense [6] (conservation dans les glaces polaires) ou au contraire dans un milieu particulièrement sec (comme en Egypte). A ces conditions naturelles il faut ajouter les manipulations humaines comme la momification ou l'inhumation dans un terrain argileux ou composé de tourbe. Enfin les cas de préservation complète sans aucune altération des corps de mystiques ou de religieux en réputation de sainteté, qui sont les seuls à nous intéresser maintenant.

Le cas de Léonie Van Den Dyck

En juin 1949, décédait dans un village belge du diocèse de Gand (Onkerzele), une humble femme, *Léonie Van Den Dyck*, témoin d'apparitions de la Vierge en 1933. Retirée dans le silence, elle mena une vie de prière, d'abnégation et de pauvreté qui longtemps fit l'admiration des habitants de la région. On la disait favorisée par de nombreuses grâces mystiques et portant même dans son corps les stigmates du Christ. Or Léonie Van Den Dyck elle-même, annonça qu'après sa mort, son corps ne subirait pas les affres de la corruption. C'est donc sur la foi de cette prédiction qu'un comité d'amis de la défunte obtint l'autorisation en 1972 de faire exhumer ses restes. Sa dépouille mortelle était inhumée dans un cercueil de zinc, lui-même placé dans un premier cercueil en bois. Le moment fatidique arriva lorsque fut ouvert le cercueil en zinc : le corps était pratiquement intact vingt-trois ans après le décès [7] ! Certes, il apparaissait quelques petits accidents ici ou là. Mais dans l'ensemble le corps ne s'était pas corrompu. Il restait souple et presque comme vivant. La presse donna un large écho à cette découverte, et rappela à cette occasion la prédiction de la défunte relativement à la conservation de son corps *post mortem*. Toutes les tentatives pour trouver une cause naturelle à ce phénomène échouèrent. Donc jusqu'à preuve du contraire, il s'agit là d'une conservation miraculeuse du

6. D'où la science de la Cryogènie (conservation dans le froid et congélation).
7. Un rapport circonstancié a été établi par le Dr. F.J. de Malines, et publié dans "La visionnaire d'Onkerzele – Léonie Van Den Dyck" – Ed. Frans Jacobs.

corps d'une laïque. Mais en général une telle situation se rencontre plutôt chez les moines ou les religieux. Quelque part, une force mystérieuse, manifestée ici-bas mais en provenance de l'au-delà, accomplit le miracle de la conservation du corps. Pour beaucoup de croyants, il s'agirait d'un événement surnaturel. Pour nous il ne fait aucun doute, que cette force est plutôt une conséquence... disons "naturelle", de la "sainteté" de la défunte, quelque soit par ailleurs son statut social(laïque ou religieux). Dieu ne retient pas la condition sociale ou culturelle, mais seulement la valeur spirituelle authentique de sa créature ! Comme beaucoup d'autres, de toutes origines, Léonie Van Den Dyck, en appliquant rigoureusement les préceptes divins, en a recueilli les fruits. L'incorruptibilité de son corps post-mortem en est un. C'est en même temps un extraordinaire témoignage de la prédominance spirituelle sur la matière. Il n'y a là rien de moral, car tout est spirituel et le spirituel a ses lois; celles-ci, pensons-nous, dominent celles de la matière.

Autre exemple.

Voici l'un des cas les plus récents et des plus célèbres de l'histoire contemporaine.

Le cas du Père Charbel du Liban (Youssef Makhlouf)

Youssef Makhlouf[8], moine maronite (communauté catholique du Liban) né en 1828, dans la montagne libanaise à Bika Kafra (1600 m d'altitude), est l'un des plus beaux prototypes humains d'humilité, d'abnégation et de douceur. Déjà de son vivant il produisait de nombreux miracles. Mais après sa mort le 24 décembre 1898, dans un ermitage, annexe du monastère de *St-Maron d'Annaya* (en arabe : *Mar Maroun d'Ananaya* au nord du Mont-Liban)[9], la tombe du *Père Charbel* émettant une lumière surnaturelle, les autorités décidèrent l'exhumation. On découvrira alors avec stupéfaction un corps intact, à ceci près, qu'il suintait du sang, de l'eau et de l'huile parfumée ! Une nouvelle

8. Le texte de la conférence que nous avons donnée sur ce saint en juin 2002 sera prochainement publié.

9. Voir au chapitre I notre visite dans ce sanctuaire.

fois on est bien obligé de se poser la question : l'in-corruption de la chair serait-elle une conséquence naturelle de la sainteté ? Pourtant tous les mystiques, les justes ou les martyrs ne gardent pas leur corps post-mortem intact, loin s'en faut, comme le prouve l'exhumation volontaire ou accidentelle des corps de sépultures de certains d'entre eux. Donc ce n'est pas une conséquence systématique. A contrario, existe-t-il des personnages odieux, méchants, terrifiants, pervers ou vicieux, dont le corps après la mort ait été retrouvé intact ? Jusqu'à plus ample informé on doit répondre aujourd'hui par la négative ! Mais tout laisse à penser qu'un mécanisme naturel (encore mystérieux) liant le corps biologique aux "corps spirituels" et à leur état de développement, permet parfois au cadavre d'être en quelques sorte sublimé.

Dans le cas du *Père Charbel* il faut dire aussi que son corps fut exhumé plusieurs fois, puis déplacé, transféré, enfin ré-inhumé, puis ré-exhumé ! Les procès en béatification d'abord, puis en canonisation, imposèrent en effet de nombreuses démarches et vérifications médicales. Celles-ci authentifiées et certifiées dans de nombreux rapports, confirmèrent la rumeur, à savoir que les membres restaient fermes, flexibles et pliant à toutes les jointures; que la peau gardait toute sa fraîcheur, les muscles leur souplesse; que pas un poil de barbe ou un cheveu de la tête n'était tombé; enfin que les traces de la chaîne de fer dont l'ermite s'entourait les hanches était encore visible. Cette marque est particulièrement intéressante en raison de l'aspect strictement personnel qui la caractérise !

Mais le plus extraordinaire est encore à venir : en 1950, soit plus d'un demi siècle après son décès, le corps du moine, suintait quotidiennement de l'eau, de l'huile et surtout du sang. Citons *Paul Daber* [10] à ce propos : *La sueur de sang qui avait déjà été constatée depuis 1899 jusqu'en juillet 1927 suintait toujours sans interruption de la même façon que lors de la précédente exhumation et, répandue sur tout le corps, avait imprégné les vêtements sacerdotaux.(...) Le liquide sanguinolent qui suintait au pied du cercueil fendu s'écoulait de là sur la pierre en*

10. *Vie, survie et prodiges de l'ermite Charbel Makhlouf*, Ed. Spes, Paris 1953.

dessous, puis en goutte à goutte, à l'extérieur (...). Et cinquante-quatre ans après sa mort, le corps du saint fut une nouvelle fois exposé à la vue du public du 7 au 25 août 1952, puis ensuite, il fut mis dans un nouveau cercueil et replacé dans un caveau dont les pierres furent soigneusement cimentées. Arrêtons nous quelques instants sur une remarque scientifique concernant le suintement du cadavre. Le Dr *Georges Choukrallah* qui examina le corps plus d'une trentaine de fois en dix-sept ans écrit : *Supposons que le liquide que suinte le corps par jour ne pèse qu'un gramme ; ce qui fait durant 54 ans, 19,8 kg. Or la quantité moyenne du sang et d'autres liquides contenus dans le corps humain est de cinq litres ! Le moins ne donne pas le plus : principe scientifique évident par lui-même; mais le liquide rouge que déverse le cadavre du Père Charbel dépasse de beaucoup un gramme par 24h. Une source aurait dû tarir si elle n'est plus alimentée depuis un demi siècle !* [11] Mais que pense le Dr Larcher lui-même de cette remarque ? Tout d'abord il note que si le principe semble en effet évident par lui-même, il faut pourtant rappeler que c'est en fait la quantité de sang proprement dite qui avoisine les cinq litres et que si l'on rajoute les autres liquides, cela dépasse de beaucoup cette mesure. Pour avoir une idée exacte de la source réelle du suintement d'eau et d'huile, le Dr Larcher suggère d'avoir recours à la pesée des cadavres. En effet, si l'on pouvait peser ces derniers juste après le décès puis régulièrement ensuite pendant des durées assez longues, on verrait que ce sont probablement les substances chimiques de base composant les cellules du corps qui se dispersent lentement à travers ces suintements. Car le poids des cadavres incorrompus diminue très sensiblement en quelques années, comme on va le voir maintenant avec le cas de Ste Thérèse d'Avila.

11. Cité par Dr. H. Larcher dans son ouvrage mentionné en début de chapitre.

Le cas de sainte Thérèse d'Avila

Tout le monde a entendu parler de cette grande sainte espagnole (1515 – 1582) qui vécut au XVIe siècle et dont le tempérament, l'intellect, la foi et les prodiges qu'elle réalisait, demeurent des modèles pour toute la chrétienté et d'une manière générale pour tous les croyants. Ce qu'on sait moins, c'est qu'après une vie de plus de soixante-sept ans largement bien remplie, c'est le moins qu'on puisse dire, la sainte conserva après sa mort un corps intact. Ce corps qui diffusait déjà de son vivant des parfums de fleurs continua, et plus encore après son décès, à rayonner des senteurs de lis, de jasmin et de violette. De plus tous les objets qu'on approchait du corps prenaient à leur tour le même parfum. Passons sur tous les détails des nombreux et parfois scabreux examens canoniques dont fut l'objet ce cadavre miraculeux et des incroyables péripéties qui l'accompagnèrent [12]. Venons en tout de suite au problème du poids. Dans un texte du Père Diégo de Yépès (Boll., n°1042) [13] on peut lire : "*Le 1er janvier 1586, nous nous rendîmes au nombre de vingt au monastère des Carmélites. Les religieuses apportèrent la châsse près de la porte conventuelle : cette porte s'ouvrit devant nous.*" *On déposa le corps sur un riche tapis. (Ribera.) "...Nous considérâmes la sainte très attentivement.... Son corps était intact, et d'une odeur céleste. (...) La chair était si souple, si tendre, si flexible, qu'elle s'abaissait quand on y mettait le doigt, puis se relevait comme si la sainte Mère eut été en vie. Et, bien qu'elle eut conservé son embonpoint, le poids du corps était léger comme celui d'un enfant de deux ans."* Ici point de suintement aussi abondant que pour le Père Charbel, mais une émission extraordinaire de parfums et senteurs. La résistance à la putréfaction de cadavres de saints correspond peut-être à une transformation du processus de décomposition des cellules en un processus de diffusion de substances soit liquides, soit aromatiques (il existe une chimie très complexe des odeurs et des arômes) par l'apport fabuleux d'énergie spirituelle que connaissent ces personnages.

12. *Pour une connaissance plus approfondie de sa vie, on consultera l'ouvrage paru chez Lethielleux, Paris, sous le titre "Histoire de Sainte Thérèse".*
13. *Cité par le Dr Larcher dans son livre (op.cit).*

La mort est transformée en vie, comme l'annonce le Nouveau Testament ! Parce que dans l'au-delà, il y a une énergie, que nous ne savons pas capter, qui est à la source de notre existence. Les aspects électrochimiques et électroniques de cette énergie, ne sont que les aspects relevant du niveau de conscience le plus bas du système existentiel dans l'univers. Tel est l'un des enseignements des Sages de l'Inde.

Pour résoudre la problématique de la résistance à la putréfaction des corps et expliquer les mécanismes qui la règlent, on trouve plusieurs théories intéressantes mais dont il faut reconnaître qu'elles ne se situent pas toutes au même niveau. Mais avant de porter notre regard sur ces travaux, disons quelques mots de deux points de vue très remarquables, et en apparence fort éloignés l'un de l'autre mais qui pourtant ne manquent pas de se rejoindre quelque part : *les théories de Georges Lakhovsky et l'enseignement de Mère la compagne européenne du grand penseur indien Sri Aurobindo.*

Le système oscillatoire de Georges Lakhovsky

Il s'agit d'abord d'un point de vue scientifique, celui de Georges Lakhovsky, venu prématurément dans un contexte rationaliste excessif, proposer une théorie révolutionnaire des questions de survie de la cellule biologique. Le travail de ce chercheur, essentiellement expérimental, peut être résumé par son ouvrage majeur intitulé "*La science et le Bonheur*" (ou Longévité et immortalité par les vibrations), publié chez Gauthier-Villars en 1930. Voilà un savant que peu de gens ont écouté et dont beaucoup se sont moqués et qui de ce fait est tombé dans l'oubli. Mais il est à l'origine d'une théorie de la vie à la fois très matérialiste, et très audacieuse selon laquelle les cellules vivantes sont animées d'une énergie issue de champs oscillatoires de nature électromagnétique dont les rayons cosmiques sont la source. Dire cela entre les années 1925 et 1930 était particulièrement audacieux. Pour Lakhovsky, la cellule elle-même est une sorte de système oscillatoire, dont le déséquilibre provoque la mort. Or si cette affirmation est déjà révolutionnaire en soit, c'est la suite qui l'est encore plus. Le chercheur nous explique que les sentiments humains comme les émotions sont porteurs de flux énergétiques capables de transformer brutalement l'équilibre cellulaire d'un individu. Autrement dit pour vivre en bonne santé, vivez heureux : pratiquer la bonté, la joie, l'altruisme... et vos cellules ne s'en porteront que mieux ! Eviter les chocs émotionnels et les sentiments négatifs comme l'envie, la jalousie ou la haine. "*La jalousie tue non seulement les individus, mais aussi les peuples*" affirme Lakhovsky. Très peu marxiste cette assertion ! On comprend dés lors pourquoi sa vision des choses ait pu déplaire à une époque où il était souvent de bon ton dans certains milieux scientifiques, d'adopter une mentalité marxiste [14], inverse de celle-ci. Ces sentiments sont destructeurs, ajoute encore ce savant, et source de déséquilibres cellulaires. Mais dira-t-on, tout cela n'est qu'une vérité de la Palice ! Bien sûr ! C'est tellement évident qu'on finit par l'oublier. Et nous deve nons justement les esclaves de ce que nous devrions nous efforcer de maîtriser..., nous même, avant de prétendre maîtriser le monde ! Voilà la vérité de la Palice. Mais le plus "grave", si l'on peut dire, n'est pas là : le plus grave est apparu lorsque Lakhovsky prétendit faire régresser certains cancers à partir de sa théorie du système "radio-cellulo-oscillateur". Une méthode assez simple, autorisant la construction d'un dispositif électrovibratoire, permettant d'agir directement sur les cellules malades. Pensez donc quel scandale ! Par ses théories à la fois simples et géniales, le savant remet ainsi en cause, d'une certaine manière, des années passées et à venir de recherches biologiques et physiologiques presque exclusivement basées sur la chimie et la génétique. Or, comme le disent depuis toujours les sages et les occultistes, c'est plutôt dans la direction des forces vibratoires de l'univers qu'il faut chercher. Autrement dit non seulement on dépense beaucoup d'argent pour peu de résultats, mais pire encore, la

14.*Les marxistes considérant que le progrès humain passe par la lutte des classes qui a ses racines dans les structures économiques et sociales et non dans les sentiments individuels ! Donc qu'il ne sert à rien de changer ses sentiments personnels.*

société occidentale se leurre sur la véritable nature des choses, même si l'approche rationaliste représente quelques avancées.

Dans notre réflexion sur l'au-delà, la vision de Georges Lakhovsky constitue une vision privilégiée, car elle confirme au niveau matérialiste (bien compris) la conception spiritualiste des réalités ultimes selon laquelle tout dans l'univers n'est qu'énergie vibratoire. De plus elle a pour conséquence d'expliquer la cause première de la non putréfaction de certains corps : le système vibratoire (oscillatoire) de l'énergie spirituelle. C'est cette énergie qui induit les mécanismes électrochimiques de conservation et non l'inverse ! Poussant plus loin, le savant estime que ce que les anciens appelaient la force vitale n'est autre qu'une force oscillatoire fondamentale dans la nature, comme la gravitation, qu'il nomme l'universion. Il déclare aussi que la Pensée n'est qu'une manifestation vibratoire et que les cellules du corps pourraient être théoriquement maintenues en bonne santé ou prolongées indéfiniment si l'on savait se servir de ce dispositif. Comme on le voit, nous sommes loin ici des préoccupations malheureusement diaboliques et terre à terre (sic) des puissances idéologiques, militaro-industrielles et pétrolières, qui préparaient déjà dans les années trente la seconde guerre mondiale [15] ! Pour sa part, Lakhovsky s'intéresse à des solutions individuelles et non collectives comme c'était dans l'air du temps. Le mouvement New Age n'était pas encore d'actualité.

Immortalité de la matière et mémoire cellulaire selon Mère

Autre point de vue sur l'univers "cellulaire" en général et humain en particulier, celui de Mirra Alfassa, connue comme la compagne et l'inspiratrice européenne du célèbre sage, philosophe et penseur indien Sri Aurobindo (1872-1950)[16] sous le nom

15. Le cas de Lakhovsky est à rapprocher de celui du physicien Tesla découvreur de l'Energie Libre ; voir les Editions Félix sur Internet à : www.leseditionfelix.com

16. Celui que Romain Rolland qualifiait "de plus grand penseur de l'Inde d'aujourd'hui" dirigeait un ashram célèbre à Pondichéry. Ses écrits sont publiés chez Adyar, Derain et surtout Albin Michel (Coll. Spiritualités Vivantes).

évocateur de Mère (ou La Mère). Mirra Alfassa était de parents incroyants et se disait elle-même athée à tous crins jusqu'à l'âge de vingt ans. Mais un jour, un immense choc détourna le cours de sa vie et c'est ainsi que l'égérie d'Aurobindo devint partie intégrante du trio Mère Aurobindo-Satprem [17]. A la mort du philosophe, elle tentera de poursuivre l'Oeuvre du Maître et dira alors ne pas comprendre qu'on ignore le Divin à la simple contemplation d'une rose, cette merveille de manifestation sur la terre. Mais ce Divin-là qu'elle appelle le Seigneur ou le Suprême par commodité d'expression, n'a presque plus rien à voir avec le Dieu des religions. Il n'exige ni dogmes, ni rites, ni sacrifices au sens habituel du terme. Le seul sacrifice serait celui de soi-même. Mais peut-on appeler "sacrifice" ce qui vous libère définitivement de votre misérable condition d'être mortel pour rejoindre l'Amour universel et la Vérité Divine dans l'éternité ? Dans une série d'ouvrages [18] Bernard Delfosse, rapporte l'Oeuvre de Mère dans la publication de son "Agenda" sur la condition humaine et la recherche du Divin. Les réflexions approfondies développées à l'ashram de Pondichéry sur la mort et l'immortalité précèdent souvent les travaux américains sur la NDE, les OBE et d'autres sujets, témoignant ainsi de l'avance réelle du triptyque Mère-Aurobindo-Satprem, il y plusieurs décennies déjà. Or la volonté de cette quête correspond à l'affirmation suivante qu'elle fit dès 1912 : *Les conditions dans lesquelles les hommes vivent sur terre sont le résultat de leur état de conscience. Vouloir changer les conditions sans changer la conscience est une vaine chimère.* Peut-on être plus clair face aux prétentions orgueilleuses des idéologues européens des XIXe et XXe siècles, auxquelles nous faisions allusion en parlant des travaux de Lakhovsky ? Pour Mère, comme pour la majorité des penseurs et mystiques hindous, suivant en cela le Shakta-Vedanta : "L'Energie est le Réel, l'Univers est Energie, l'Energie est la Conscience". Dans cette optique, et c'est là in fine où nous voulions en venir, Mère découvre et rapporte que les cellules du corps humains non seulement sont les porteuses de notre incarnation physique, mais

17. *Le triptyque philosophique de Pondichéry: Aurobindo, le disciple Saprem et Mère.*
18. *Guy Trédaniel Editeur (Editions de la Maisnie).*

aussi une mémoire complète de tout ce qui touche chacun de nous individuellement avant d'être transféré au Divin, comme un "accumulateur" d'expériences. En travaillant dans l'intériorité des cellules, Mère apprend donc à mieux maîtriser le niveau existentiel de Dieu, à travers l'expérience matérielle de l'humain. La mort est alors une phase de dissolution de la machine physique au profit de la remise en état de la machine psychique qui devient un "revêtement" de l'âme selon l'expression de Mère : *quand l'être psychique est arrivé à sa pleine formation, il est pour ainsi dire le revêtement, une espèce de revêtement corporel, ou en tout cas, individuel de l'âme. De l'âme qui est une portion du Suprême. (...) Il existe un seul Suprême, mais des millions de formes individuelles... (...).* Elle déclare par ailleurs, que le corps est en quelque sorte soumis en permanence entre le berceau et la tombe à un appel intense d'une Puissance d'Eternité et que relever ce défi revient à "ressusciter le Divin en l'homme", c'est-à-dire, pensons-nous, restaurer cette Energie perdue, ou oubliée, et dont la forme la plus physique est soulignée par Lakhovsky et son oscillateur universel.

Il ressort donc de ces deux exemples, Lakhovsky et Mère, que le secret de l'incorruption des corps de certains laïcs et de certains religieux, semble bien provenir de cette capacité que possède l'Energie spirituelle à revitaliser la matière. A nous de la redécouvrir. Une exploration de l'au-delà doit d'ailleurs nous y aider.

Revenons maintenant sur certains aspects intimes de la physique et de la chimie de la conservation des corps. Comme le montre très bien et dans le détail l'ouvrage du Dr Larcher (op.cit), il existe des facteurs endogènes physiques et physiologiques favorables à la conservation des corps, de même qu'il existe aussi des facteurs endogènes chimiques. Mais rien de comparable entre les effets de ces facteurs dont on trouve les traces dans la nature entière et dans les restes de civilisations anciennes et les cas que nous avons vus plus haut. Reste donc qu'il faut chercher ailleurs les causes de ces incorruptibilités. Pour cela l'auteur de la *"Mémoire du soleil"* fait appel aux prodiges sanguins après la mort, dont l'affaire du sang de Saint-Janvier est la plus célèbre. Mais il existe d'autres phénomènes du genre comme le sang de l'Epine d'Andria ainsi que le sang du Linceul de Turin, que nous allons évoquer dans quelques lignes. Le plus important est de savoir qu'une analyse détaillée démontre qu'il y a un rapport étroit entre la théorie alchimique et la transformation du sang. Cette physiologie de la mort que cherche à étudier la thanatologie, s'accompagne d'une singulière alchimie chez les myroblytes, ces corps qui refroidis comme des hibernants, se rapprochent de la nature végétale en distillant des baumes aux étranges propriétés et des parfums d'odeur de sainteté. L'homogénéisation lente et progressive de leur nouveau milieu intérieur, qui se substitue au sang circulant du vivant, s'accompagne de fluctuations déroutantes dont la plus mystérieuse est la variation de masse du sang de St-Janvier à Naples. Mais, y a-t-il une relation entre cette masse, l'énergie et la vitesse la lumière ? Nous pensons que oui ! La lumière physique, première manifestation ondulatoire (vibratoire) de la lumière psychique ou de l'énergie spirituelle donne tout son sens au phénomène. C'est donc, que la vie, l'âme de la chair est dans le sang comme si ce fluide avait intégré, au cours de l'évolution, la mémoire du soleil pour permettre à la conscience d'accéder à cette autre lumière que le poète OV. Milosz appelait le soleil de la mémoire. Mais aussi la mémoire des cellules qui représente un système énergétique oscillant. Il y a là un immense secret que la génétique elle-même ne soupçonne peut-être pas !

L'allongement de la vie physique auquel aspirent de nombreuses personnes, est certainement lié à de telles considérations. Elle n'a d'ailleurs de sens que si elle s'accompagne d'une meilleure santé physique et mentale. On imagine que dans l'allongement de cette vie, certains espèrent peut-être découvrir le secret de l'immortalité. Malheur à eux car celle-ci serait tellement problématique qu'elle ruinerait elle-même sa propre gloire [19] et les bénéfices qu'elle pourrait apporter.

19. *On lira à ce sujet le roman de Barjavel "Le grand secret" dont a été tiré une série télévisée.*

Une dernière interrogation avant de clore ce chapitre : le secret du Suaire de Turin (Linceul du Christ) ne réside-t-il pas justement dans une explosion nucléaire lente qui se produirait lorsqu'un corps putréfiable se transforme en corps glorieux, c'est à dire sublimé par l'énergie spirituelle par une réaction intime de la Matière émettant de la lumière, comme annoncé dans Le Nouveau Testament et confirmé par les maîtres du yoga ? Il nous faut donc aborder sans attendre les questions ô combien difficiles de la résurrection, de la réincarnation et du corps glorieux. Car en ce domaine, il n'existe point de répit.

CHAPITRE IV

Survie après la mort, croyances religieuses, croyances populaires et rites funéraires. Le problème de l'incinération

"Enfer Chrétien, du feu, enfer païen, du feu.
Enfer mahométan, du feu, enfer hindou, des flammes.
A en croire les religions, Dieu est né rôtisseur".
(Victor Hugo)
Extrait du Grand Livre de l'humour noir,
de Philippe Héraclès – Le Cherche Midi Editeur

"Heureux l'homme qui endure la tentation,
car, après qu'il aura été mis à l'épreuve,
il recevra la couronne de vie que Dieu
a promise à ceux qui l'aiment"
(St-Jacques – Epître)

On aborde maintenant l'aspect le plus ancien, le plus dense et le plus controversé des interrogations sur l'au-delà. Certes, des milliers de pages ont déjà été écrites, dans presque toutes les langues sur la question de la survie après la mort. Des dizaines de théories ont été avancées depuis des millénaires tant au plan théologique que philosophique sur ce sujet et tout ce qui s'y rapporte; des milliers de traditions orales accompagnées de rituels funéraires, de dessins et de représentations graphiques de toute nature, d'objets de culte, de lieux sacrés, de personnages clés, de divinités, ont été créés par les hommes depuis la nuit des temps. En exagérant à peine, il faudrait une bibliothèque entière rien que pour classer l'ensemble des éléments constituant le champ de la survie après la mort et les croyances populaires ou religieuses qui y sont attachées. Nous allons quand même essayer d'y voir clair tout en ayant à l'esprit en permanence l'impossibilité quasi absolue d'être exhaustif en la matière. Dans les années soixante-dix, à la suite du mouvement *Planète* (*Louis Pauwels et Jacques Bergier*) un éditeur français (peut-être Tchou/Sand) publiait un ouvrage remarquable (et aujourd'hui introuvable) en cinq ou six volumes au moins, au format encyclopédique, offrant pour la première fois en langue française - à notre connaissance - une histoire des religions du monde par couche chronologique, au lieu de traiter de manière habituelle l'histoire religieuse par région, par culture ou ethnie. Dans cet ouvrage chaque chapitre traitant une époque donnée, décrivait l'état général des religions dans le monde à cette période. Ce qui constitue une coupe horizontale, et non verticale, beaucoup plus efficace. C'est exactement ce qu'il faudrait faire pour le sujet qui nous intéresse car la vision synthétique qui en résulterait serait autrement plus enrichissante qu'une analyse par thème des différentes religions du monde. Nous ne pouvons malheureusement pas l'appliquer ici.

Les croyances sur la survie après la mort, quelles que soient leurs origines exactes (dont nous ne parlerons pas dans ce chapitre) peuvent toutes se réduire à quatre ou cinq grandes familles de pensée. Un traitement chronologique universel simultané le montrerait certainement. De même que la pratique de l'incinération des corps des défunts, longtemps controversée en Occident, est presque universellement connue de tous les peuples du monde. D'autre part, à la question pourquoi les Egyptiens de l'antiquité momifiaient-ils les corps de leurs dignitaires avec autant de soins et d'application, les archéologues apportent une réponse juste, mais restrictive et incomplète, car on oublie de préciser que cette pratique n'a pas toujours eu cours en Egypte. Il faudra revenir là-dessus.

L'étude de l'histoire des religions montre qu'il y a de nombreuses façons d'aborder la question de la SURVIE après la mort. En dehors de l'aspect proprement chronologique évoqué ci-dessus, il faudrait regrouper les différents dogmes en familles de croyances plus ou moins homogènes : la doctrine de la survie dans l'au-delà, le dogme de la réincarnation dans la chair (un corps terrestre), la croyance en la résurrection... Ne sachant pas ce qui gouverne vraiment la Mort, mais ayant conscience que celle-ci est irrémédiablement liée à la naissance [1], les multiples questions qui se posent peuvent se résumer ainsi :

- comment faire face à la mort ?

- comment accepter de mourir (la mort est-elle le salaire du péché, au sens chrétien, et qu'est-ce alors que le péché ?)

- comment se préparer à la mort ?

- quel est l'effet du suicide sur la destinée de l'âme humaine ?

- quel est l'effet de la crémation sur celle-ci ?

- après la mort survit-on dans l'au-delà ?

- notre corps est-il appelé à ressusciter ? Dans cas, quand et comment ?

- ou au contraire, notre âme va-t-elle revenir s'incarner sur terre, et ainsi renaître à la vie terrestre ?

- ou bien, notre âme va-t-elle transmigrer ailleurs; on revient ici à un cas particulier de la survie.

Nous ne pouvons dans le cadre de cet ouvrage tenter de répondre aux quatre premières questions, en particulier au

1. *Ceci n'est pas une lapalissade, mais une affirmation théologique (boudhiste notamment).*

problème posé par le suicide. Mais il était utile de les rappeler. Ces interrogations font parties intégrantes de la religion (quelle que soit celle-ci) et ne peuvent être abordées que dans un cadre théologique précis. Par contre on verra à la fin de ce chapitre le problème de l'incinération des corps. Les questions suivantes font l'objet de ce chapitre. Pour faire simple, on pourrait présenter les croyances et les rites funéraires selon le schéma suivant, mais ce serait terriblement long et fastidieux :

- Le Chamanisme et les religions naturelles, animistes et primitives (Africains, Pigmés, Papous, Esquimaux, Aborigènes d'Australie...)
- Les grandes religions de l'Asie ancienne : Chine et Inde,
- Les grandes religions de l'Orient ancien : Egypte, Mésopotamie, Phénicie, Israël,
- Les religions du monde précolombien : Incas, Aztèques, Mayas...
- Les religions de l'Europe ancienne : Grèce, Rome, Gaule et Celtes,
- Les religions actuelles et les croyances modernes.

Il semble donc plus pratique de découper l'exposé en quatre parties homogènes, comme indiqué plus haut, portant respectivement sur :

- les croyances **chamaniques** (au sens large)
- les croyances en la **Survie** et ses modalités,
- les dogmes de la **Réincarnation** et ses variantes,
- les différentes manières de comprendre la **Résurrection**.

A la faveur d'un contact spirite [2] un trépassé déclare : "*Le malheur est qu'aujourd'hui les gens ont peur de la mort (...). La mort, chers amis, aboutit à une éternité radieuse, une libération qui met un terme à vos tragédies...*" Si l'on s'arrête à cette déclaration,

2. *Voir le chapitre suivant.*

la vie dans l'au-delà après la mort serait donc une délivrance. Il se trouve pourtant que beaucoup de croyances ne s'accordent pas avec une telle affirmation. On peut même penser aujourd'hui que le sort réservé aux différents êtres humains n'est pas identique d'un individu à l'autre. Ce qui fait que nous ne serions pas plus égaux devant la mort que nous ne le sommes à la naissance.

Mais, pour commencer, voyons ce que pensent les chamans de tout cela ?

LES CROYANCES CHAMANIQUES

Si les *chamans* sont à la fois, prêtres, médecin-guérisseurs, parfois travailleurs sociaux et enfin mystiques, ils sont aussi les élus des *Esprits* qui apprennent à entrer en transe et à voler avec leur âme vers d'autres mondes, dans les cieux ou à descendre par de périlleuses crevasses dans les terreurs des mondes souterrains. Répandus un peu partout dans le monde, proches de la nature, ils sont pour ainsi dire les gardiens des vérités psychiques et spirituelles ancestrales des sociétés dites primitives. Dans beaucoup de pays, le chaman peut être assimilé au sorcier, et en Afrique à certains marabouts, mais il y a pourtant quelques différences de fond entre les premiers et ces derniers.

Quand les chamans parlent de l'au-delà et des autres mondes, c'est pour dire que ceux-ci constituent la véritable nature des choses et qu'on y trouve les causes réelles des phénomènes et des événements de notre monde ici bas. Ce qui est extraordinaire, c'est l'unicité de vue des idées chamaniques quelles que soient leurs origines ; qu'ils habitent l'Amazonie, l'Australie, l'Arctique (*chaman esquimau*), la Sibérie, ou encore Bornéo, ils ont tous une vision commune sur le monde des esprits et de l'au-delà. Le chamanisme constitue probablement la plus vieille des "religions" humaines puisqu'elle remonte à l'âge de pierre et qu'il est raisonnable de dater celui-ci à plusieurs dizaines de milliers d'années. Or, autant que l'on sache, les croyances des chamans ne semblent pas avoir beaucoup évolué au cours des millénaires, et ceci est un point crucial. Cette stabilité des croyances et des pratiques plaide en faveur de l'authenticité et de l'efficacité du chamanisme. De plus, en ce début du XXIe siècle on constate à quel point de nombreuses croyances chamaniques sont réalistes et modernes (très écologique notamment). Passons sur les mouvements de la seconde moitié du XXe siècle appelés *New-Age* et qui se sont fortement inspirés des idées et des pratiques chamaniques

3. Voir à ce sujet les ouvrages de Carlos Castaneda, dont "Enseignements d'un Sorcier Yaqui" chez Gallimard.

de l'Amériques du Nord[3]. Ce qui caractérise essentiellement la philosophie chamanique, c'est le sentiment d'être en communion parfaite avec la Nature. Cette nature est complexe, à la fois matérielle et psychique. Les forces de l'invisible sont primordiales car elles règlent les forces physiques et les relations entre les *esprits* et les hommes, ainsi que les relations des hommes entre eux. Il existe pour le chamane une interdépendance absolue entre l'homme et son environnement auquel toute la création participe : les minéraux, les plantes et les animaux. Dans la pensée chamanique, par "esprit" il faut surtout comprendre l'essence des choses. Il n'y a pas comme dans la vision européenne et occidentale de séparation nette entre un objet ou une créature et son essence, car l'*esprit* désigne aussi la conscience des êtres. La Nature n'est pas duale au sens rationaliste, ou dichotomique, mais unitaire ou même ternaire[4] : un corps, un esprit, une âme, le tout constituant une entité.

Certes le monde invisible est peuplé d'esprits sans corps, mais, c'est l'autre monde. Dans la "théologie" chamanique, les esprits peuvent épouser des êtres humains ou leur transmettre certaines de leurs capacités. Mais ces capacités sont également susceptibles de nous écraser. La conscience des esprits peut encore occuper la conscience humaine. On croit généralement ici que l'âme de l'homme vivant se transforme à sa mort en esprit ; les défunts deviennent alors soit des esprits ancestraux, soit les composants d'un Esprit Elémentaire plus vaste. Pour le chamane, l'âme est aussi une image du corps – c'est là semble-t-il l'inverse des autres conceptions religieuses -. Mais l'âme de l'homme habite dans son sang. Comme on le voit, cette idée confirme ce que nous laissions entendre au chapitre précédent. L'âme peut quitter le corps non seulement lors du trépas, mais encore pendant le rêve, sans que survienne la mort pour autant; de plus, les chamans considèrent l'envol de l'âme comme une chose naturelle lors des séances de transe, qui ont justement pour but de provoquer de manière contrôlée son déplacement dans l'au-delà immédiat. Il s'agit certainement là, de la même chose que

4. Triple dans son unité (est-ce une autre manière d'exprimer la Trinité Divine ?)

le dédoublement astral examiné au chapitre II. On sait que les pratiques et cérémonies magiques, mystiques ou simplement psychothérapeutiques, au cours desquelles sont utilisées diverses drogues et substances hallucinogènes ou narcotiques, sont très fréquentes dans les milieux chamaniques. Mais au contraire des tendances habituelles des toxicomanes (anciens ou modernes), ces pratiques ont un but essentiellement religieux ou thérapeutique. Il est important de souligner cette différence fondamentale.

A cela ajoutons que de nombreux peuples croient aussi que l'homme a plusieurs âmes et que celles du chamane peuvent se rendre dans d'autres mondes. Cela rappelle bien sûr les concepts occultistes sur les différents corps subtils de la constitution humaine. Si l'âme qui s'envole correspond à la conscience, celle qui reste maintient le métabolisme du corps physique et au cas où la première ne reviendrait pas, le corps ne saurait survivre longtemps. Le métabolisme est maintenu par le corps éthérique (ou corps électromagnétique). En fait les différentes variantes de la conception chamanique de la psyché, que l'on trouve d'une région à une autre, correspondent finalement assez bien, comme on vient de le noter, aux diverses connaissances ésotériques et à la physiologie occulte de la nature humaine ; ces variantes ne faisant que refléter les distorsions dues aux aspects culturels des peuplades concernées ou à la mauvaise interprétation de certaines expériences chamaniques. Il existe aussi de nombreuses conceptions sur le rôle de certains organes, porteur ou symbole du siège de certaines fonctions psychiques, comme le foie par exemple. Quant un chaman parle du foie comme du siège d'une des âmes de l'homme, il sous-entend probablement que l'organe foie peut être le siège d'une forme ou d'un niveau de la conscience. En effet, on sait aujourd'hui que si le foie au plan physiologique peut-être regardé comme l'usine chimique du corps, il correspond au plan subtil à une localisation partielle de la conscience contrôlée par le *Plexus solaire* (troisième chakra majeur en partant du bas de la colonne vertébrale : *Manipura* – de couleur jaune – contrôlant le système émotionnel et instinctif ou corps astral- et l'ensemble des organes du système digestif) dont l'une des symboliques est représentée par l'*Esprit–Saint* que vient confirmer le signe de croix orthodoxe ! Tout ceci est assez complexe, mais il semble clair que les chamans en aient une connaissance relativement précise.

Sans rentrer dans le détail de la cosmogonie chamanique, on peut dire qu'à chaque créature ou objet correspond un esprit dans l'univers : du soleil à la lune en passant par la foudre et le tonnerre. Ces esprits sont souvent classés en esprits élémentaires, esprits supérieurs et esprits infernaux. Notons également cette conception assez répandue par ailleurs, selon laquelle les plantes et les animaux, s'ils ne peuvent avoir d'âme individuelle, ont néanmoins, à des niveaux très différents, bien sûr, une âme collective. D'où le fait d'utiliser un mot unique pour désigner tous les membres d'une même espèce. Si nous avons pris l'habitude en Occident de donner un nom à chaque chat, chien ou cheval de notre entourage, c'est plus pour des motifs de satisfaction personnelle qu'autre chose. Ceci ne signifie pas que les animaux soient dénués de personnalité propre ; il suffit d'avoir vécu avec un animal de compagnie pour le comprendre. Mais on est là dans le domaine du psychisme et non du spirituel proprement dit. A sa mort, le psychisme animal disparaît complètement dans le grand réservoir de l'espèce, dont les énergies sont concentrées dans une autre dimension de l'au-delà.

Au final, retenons des croyances chamaniques que les âmes des défunts partent, certaines pour la félicité dans l'au-delà, d'autres pour les épreuves. Les rituels funéraires ou post-funéraires (parfois même pré-funéraires, avant la mort) pratiqués par le sorcier (ou la sorcière) ne sont pas là pour amuser la galerie, mais pour permettre aux âmes en mauvaise posture de les aider à sortir des pièges tendus par les esprits. Il y dans tout cela quelque chose qui ressemble au purgatoire des chrétiens. On se retrouve alors dans un complexe de croyances utilisant autant les notions d'espace que de temps, qui n'est pas sans rappeler certains aspects de la mythologie grecque, et par d'autres côtés les croyances celtiques ou d'une manière très simplifiée la cosmogonie de *Paracelse* (1491-1541), dont les traits principaux peuvent se résumer ainsi. L'univers est structuré en trois ou quatre sphères : la sphère divine et angélique, en-dessous la sphère humaine, encore en-dessous la sphère infernale et démoniaque, et à côté de ces deux dernières, la sphère des créatures non humaines qui prennent parfois l'apparence humaine. Ces sont les *elfes*, les *nymphes*, *lutins* et autres créatures du folklore européen. "*Dieu a créé ces êtres pour donner des gardes à sa création. C'est ainsi que les gnomes gardent les trésors de la terre, les métaux et autres richesses minérales. (...)*". Pour le chamanisme ces êtres sont des esprits avec lesquels on peut entrer en communication grâce à certains rituels et espérer en tirer des connaissances sur les choses inaccessibles à l'homme ordinaire. Notons au passage que la cosmogonie de Paracelse a très bonne réputation auprès de nombreux *ufologues* [5] qui expliquent ainsi les ressemblances entre les *extra-terrestres* supposés ("petits hommes verts", "petits gris" ou "grands blonds") avec les éventuelles créatures des mondes parallèles. En première approximation on peut donc penser que le *chamanisme* retient plutôt la survie dans l'au-delà que la réincarnation ou la vie éternelle. Mais en approfondissant, on comprend qu'à la *biosphère* de notre planète dans laquelle nous vivons après la naissance et avant la mort correspond une sorte de *psychosphère* qui accueille l'âme des morts et qui n'est qu'un plan de la conscience universelle. Elle est de l'ordre du surnaturel si l'on considère le surnaturel au-delà du monde naturel terrestre. Enfin, les cycles se poursuivant, les âmes des morts renaissent tôt ou tard dans une nouvelle vie sur terre qui peut être, celle d'un homme, celle d'un animal ou même celle d'une plante. Cette conception s'appelle la *métempsycose* (autre orthographe : métempsychose) dont la définition est la suivante selon le *Dictionnaire Pratique des Sciences Occultes* de *Marianne Verneuil* publié en 1950 aux éditions "Les Documents d'Art" (Monaco) : *Théorie selon laquelle les êtres passent par une succession de vies terrestres – comportant*

5. Chercheurs s'intéressant aux OVNIS (domaine de l'ufologie).

notamment des passages par des vies animales. On reviendra plus loin sur ce concept dans le cadre de la réincarnation des âmes… ou des esprits.

LES HYPOTHÈSES SUR LA SURVIE DE L'AME

Les anecdotes sur la survie après la mort sont nombreuses, hétéroclites, dispersées et souvent farfelues, peu homogènes et sujettes à caution. On trouve d'ailleurs autant d'histoires abracadabrantes dans les archives des parapsychologues que dans les annales religieuses, mais aussi, et là c'est plus surprenant, dans celles de la médecine légale ou des instances judiciaires. A titre d'exemple, voici une curieuse histoire : l'affaire James Kidd [6].

Nous sommes en Arizona (États-Unis) en 1967. Un prospecteur d'or passablement excentrique du nom de James Kidd qui avait disparu dans le désert en 1949, fut déclaré légalement mort dix-huit ans plus tard. Lors de sa disparition, le prospecteur avait laissé environ 175.000$ US en espèces et en actions dans le coffre d'une banque. Celui-ci contenait aussi un testament manuscrit de 1946, dans lequel James Kidd indiquait que la majeure partie de sa fortune devrait être consacrée à la recherche d'une preuve scientifique que l'homme possède une âme quittant le corps à l'heure de la mort (sic) ! On imagine le trouble des autorités à la lecture d'un testament aussi insolite. Ce trouble se communiqua d'ailleurs rapidement au public créant une certaine agitation, à tel point que le tribunal de la ville de *Phoenix* fut bientôt assailli d'une multitude de demandeurs espérant bien bénéficier de ce trésor. Parmi eux, se trouvaient des représentants de l'Eglise, des médiums, mais aussi des philosophes, des chercheurs en paranormal, et bien entendu divers excentriques, tous revendiquant la récompense. A cette occasion, les audiences au tribunal qui furent qualifiées de "grand procès de l'âme" entendirent les déclarations de représentants de la Société américaine de Recherche Métapsychique de New York [7] ainsi qu'une Fondation pour la recherche métapsychique de Durham. En final, la décision de la cour fut d'attribuer le magot à un Institut de neurologie qui avait pourtant précisé que le problème de la survie de l'âme ne relevait pas de ses compétences. La

6. *Présentée par D. Scott Rogo dans son livre "La Vie après la mort", cf. bibliographie.*
7. *ASPR : American Society for Psychical Research, fondée en 1960 pour les recherches sur le survie après la mort.*

ASPR fit donc appel de ce jugement et obtint gain de cause; partageant alors le legs avec la Fondation de Durham, elle put continuer ses recherches sur la survie. La morale de cette histoire est qu'il existe désormais une jurisprudence (au moins américaine [8]) sur la possibilité reconnue d'étudier scientifiquement les preuves de la survie. Il faut également préciser qu'un certain Dr Murphy (rien à voir avec le *Dr Joseph Murphy*, ni avec le Dr Moody vu au chapitre II) a probablement contribué à l'époque à éclairer la Cour d'Appel dans cette affaire par son témoignage scientifique d'éminent psychologue.

Quelles sont maintenant les différentes conceptions que les théologiens donnent à la survie de l'âme ?

L'Egypte antique

Laissons de côté les détails de celles développées par les civilisations de l'Egypte antique, fort complexes au demeurant et tout à fait fascinantes, mais dont on retrouvera les éléments essentiels dans le célèbre "*Livre des Morts*" (*Papyrus d'Ani, de Hunefer et d'Anhaï, du British Museum*) [9], véritable merveille des merveilles ! Disons simplement avec *Pierre Crépon* dans "*La Mort est une autre naissance*" – cf bibliographie - que *De toutes les civilisations antiques, l'Egypte est celle où le mystère de la mort est porté à son comble.(...)Il semble que l'histoire entière de l'Egypte, au cours des millénaires, soit animée par une véritable obsession : la mort.(...)Un fait est établi : il y a une "vie après la mort" pour l'ancien Egyptien, autant qu'il y a le "néant après la mort" pour le matérialiste le plus convaincu. Le royaume des morts se situent à l'Occident, là où le soleil se couche (...). Ce royaume est tout à fait tangible, il a son souverain, Osiris, son épreuve, la pesée du cœur, ses différentes régions : l'Amenti et la Duat.* On ne sait pas grand chose des idées et des rituels funéraires qui ont prévalu antérieurement au IIIe millénaire av. J.-C., époque des premiers

8. Il serait plus juste d'employer le terme étasunienne (comme onusienne pour l'ONU), ou relatif aux Etats-Unis qui ne représentent pas toute l'Amérique, mais seulement une partie.
9. Publié par Albert Champdor en 1963 aux Ed. Albin Michel.

textes du *Livre des Morts*. Par contre il semble aujourd'hui acquis que les rituels d'embaumement n'ont pas toujours eu cours dans cette région. Quels événements ont brusquement poussé les instances religieuses de ces époques lointaines à vouloir momifier leurs défunts ? Comme on le verra plus loin avec le problème de l'incinération, la momification des corps semble avoir sur les trépassés un effet inverse de celui de la crémation, à savoir qu'elle maintient un lien terrestre entre les morts et les vivants. D'où le soin apporté par les Egyptiens à favoriser la survie dans l'au-delà, où le monde des défunts est incomparablement différent de celui des Grecs : l'Hadès - ou de celui des Mésopotamiens : l'Arallou, qui ne sont en vérité que des souterrains immondes et peuplés de monstres.

La Survie dans la perspective chrétienne

Pour les Catholiques,

l'immortalité de l'âme dont parle saint Paul n'est pas simplement la prolongation indéfinie de l'existence, mais plutôt un passage d'un état à un autre, d'une existence à une autre. L'affirmation de l'immortalité de l'âme de l'homme n'est d'ailleurs pas un caractère original de la révélation chrétienne. Ce qui importe, est ce que le Nouveau Testament et la théologie chrétienne ont apporté de nouveau pour appuyer cette affirmation. Dans l'Ancien Testament, la survie après le trépas ressemble à une existence diminuée parmi les ombres du Schéol, comme chez les Grecs anciens avec l'Hadès. Et c'est là ce qui répand sur le monde antérieur au Christ cette mélancolie aussi bien dans l'Ecclésiaste que chez Sophocle. L'angoisse de la mort est plus une angoisse sur l'inconnu pesant sur la vie au-delà de la mort que sur la mort elle-même. Curieusement c'est totalement le contraire dans notre monde moderne, quelque peu déchristianisé, où l'on semble beaucoup plus préoccupé par les conditions et les circonstances du décès que par ce qu'il advient ensuite. Le dogme chrétien affirme d'abord la transcendance de l'esprit humain sur la vie biologique. On se retrouve donc au-delà de la biosphère. L'idée que l'esprit humain puisse apparaître exclusivement dans le prolongement d'une vie biologique et qu'il soit considéré comme appartenant au monde de la nature seule, est d'un point de vue biblique parfaitement inacceptable ! Donc la mort biologique n'entraîne pas la cessation de toute destinée humaine. Le dogme chrétien affirme ensuite le principe de l'immortalité personnelle, ce qui semble en contradiction avec d'autres points de vue religieux ou théologiques, notamment pour l'hindouisme et le bouddhisme qui envisagent plutôt l'idée d'un retour au principe spirituel dont nous sommes issus, et d'une fusion avec lui (l'UN, Eternel et Increé dont nous ne sommes que des étincelles existentielles) dans laquelle les limites de notre personnalité se dissolvent [10]. Ce qui signifie qu'en conséquence de la création (l'homme à l'Image de Dieu), l'Amour divin n'aspire pas nécessairement à la fusion totale avec l'UN, de la créature et de son créateur, mais qu'il existe une sorte d'autonomie de la première par rapport au second et la possibilité d'une communication "éternelle" entre les deux. Pour cela il faut que l'homme puisse sortir de cette prison que constitue son existence corporelle (sa vie sur terre) dont il n'y a qu'une issue, la mort. C'est pourquoi l'incarnation du Christ correspond à la descente du Verbe créateur dans le monde terrestre, qui est celui de la mort, et non de la vraie Vie. Car dans celui de la vraie Vie, le corps est incorruptible d'où le concept de résurrection. Quant à la géographie de l'au-delà, le christianisme a plus ou moins refondu aux cours des dix premiers siècles, diverses visions et traditions antiques en particulier sémitiques, parfois celtiques, parfois romaines, relatives aux notions de Paradis [11], d'Enfer, de Limbes et de Purgatoire. Notons au passage que pour les Grecs par contre, l'immortalité consistait à rejoindre le monde harmonieux des étoiles; le lieu du châtiment était l'atmosphère qui entoure la terre, perpétuellement agitée, où demeuraient les démons. Mais comme en écho à cette croyance, voici une parole

10. *Voir plus loin, à ce sujet, l'image de la goutte d'eau dans la conception bouddhiste.*
11. *Voir la cosmologie paradisiaque de saint Ephrem.*

de saint Paul faisant allusion à cette conception théologique : "(...) *Car ce n'est pas contre des adversaires de chair et de sang que nous avons à lutter, mais contre les Principautés, contre les Puissances, contre les Régisseurs de ce monde de ténèbres, contre les Esprits du Mal qui habitent les espaces célestes. C'est pour cela qu'il vous faut endosser l'armure de Dieu...*" Il s'agit ici des Esprits qui, dans l'opinion des anciens gouvernaient les astres et par eux tout l'univers. Ils étaient censés résider "dans les cieux", qui par ailleurs sont assimilés à "dans les airs" et qui dans tous les cas, se situent entre la terre et le séjour de Dieu (ou des dieux ?). N'est-ce pas là en quelque sorte, une réponse, avant la lettre, à l'épineux mystère de la provenance des "extra-terrestres" ?

Le dogme officiel du catholicisme est de retenir le principe du jugement personnel à la mort, à l'instar des croyances de l'Egypte antique, appelé "jugement particulier". Cette conception implique l'impossibilité de la réincarnation, si chère à la théorie hindoue du Karma. Pourtant Origène[12] avait adopté cette opinion. Mais il faut rappeler que les Pères de l'Eglise ont débattu plusieurs siècles durant sur ces questions de l'au-delà. Le dogme ou la croyance officielle (canonique) retenue par l'Eglise au cours des premiers siècles, l'a souvent été à quelques voix près lors des votes, et parfois au prix de batailles rangées acharnées et pas toujours très honnêtes, où les motivations temporelles l'ont souvent emporté sur les motivations spirituelles. Théologiquement, cela signifie qu'à peu de chose près ceux qualifiés d'hérétiques auraient très bien pu êtres reconnus comme canoniques !

En dehors de considérations théologiques subtiles et complexes, il faut retenir deux éléments essentiels de la doctrine catholique sur la survie après la mort :

- Ce sont nos pensées, nos ressentiments (amour, haine, jalousie, ou altruisme, compassion...) et surtout nos actes qui déterminent notre futur post-mortem et les étapes secrètes de celui-ci. On notera d'ailleurs que cette position rejoint sensiblement celle du poids du Karma dans l'hindouisme.

12. *Vers 185-254, théologien Père de l'Eglise grecque, après saint Augustin, le plus important des exégètes du début du christianisme.*

- Mais, c'est surtout à l'issue de la purification (phase du purgatoire) dans l'au-delà que l'Amour Divin du Christ qui nous mènera à la résurrection... ou nous laissera à la damnation éternelle.

Evidemment nous simplifions beaucoup, mais il est clair que la doctrine catholique est très exigeante, à la fois sur la nécessité de se perfectionner le plus possible, mais aussi sur la nécessité de suivre l'exemple et le chemin du Christ, pour justement accéder au "Royaume du Père".

Pour les Protestants

de la Réforme, on peut dire qu'en ce qui concerne la survie dans l'au-delà, ils restent dans la ligne de la théologie traditionnelle en affirmant l'immortalité de l'âme. De plus, à partir de la connaissance que nous pouvons avoir de Dieu, pensent-ils, tout indique que ces révélations ne peuvent être données qu'à un esprit qui échappe à la mort complète. Mais cette immortalité apparaît comme un pur don de Dieu à l'homme, qui peut lui être retiré comme il plait au Seigneur. La mort, c'est le jugement par lequel Dieu met fin à la vie humaine. On peut donc dire avec Karl Barth (1886-1968)[13] que la mort est en quelque sorte la somme de la contre-nature, qui devrait, dans une perspective anthropologique affirmant l'unité humaine, marquer la fin de l'homme dans son entier. A l'instar des Israélites, les protestants admettent que l'âme du défunt descend au Schéol, le séjour des morts. Mais il semble que ce monde soit une prison, un pays sans retour, une terre d'oubli. Les morts ne savent rien, leur mémoire est supprimée : *Il n'y a, nous dit l'Ecclésiaste, ni œuvre, ni pensée, ni science, ni sagesse dans le séjour des morts où tu vas.* Sans doute le mort n'est-il pas réduit au néant, mais son état est caractérisé par la faiblesse et la solitude. La véritable survie doit être recherchée dans la descendance biologique. On sort alors du règne de la psychosphère pour revenir dans celle de la biosphère et plus précisément dans l'univers de l'hérédité, dont la génétique est l'instrument d'exploration et d'analyse privilégié.

13. *Il s'agit du théologien protestant suisse allemand qui enseigna à Bâle de 1935 à 1962. Fondateur d'une théologie dialectique, s'appuyant sur St-Paul et Calvin qui s'oppose à la théologie libérale. Ses œuvres traduites en français ont influencé les milieux œcuméniques.*

Les protestants se réfèrent autant, si non plus à l'Ancien Testament qu'au Nouveau Testament. Or l'immortalité qui peut déjà être considérée comme un scandale dans l'Ancien Testament, le devient encore plus dans le Nouveau, car tout le message néo-testamentaire est axé sur la résurrection. Avec le Christ ressuscité, c'est non seulement le nouvel Adam qui renaît, mais chacun d'entre ceux qui croient au Rédempteur. Mais avant cette résurrection, il y a un état d'attente ou état intermédiaire, sur lequel les protestants ne se prononcent pas.

La philosophie protestante peut-elle alors se résumer par cette phrase de JUNG : *"Les anges n'existent pas, mais il faut y croire, c'est bon pour votre santé "* ?

Pour les Orthodoxes

la mort n'est qu'un passage. C'est le grand passage que Jésus- Christ a franchi définitivement en vainqueur. Pour notre salut à tous, il a montré le chemin. Saint Paul a bien dit que si le Christ n'était pas ressuscité, sa foi, sa prédication et sa consolation ne seraient que vanité. L'orthodoxie, très orientée vers l'eschatologie, vers les mystères des fins dernières, traduit volontiers en termes de déification et de transfiguration, la survie dans l'au-delà. Mais il reste toujours l'incapacité pour l'homme de connaître vraiment sa condition post-mortem et l'incertitude, même à partir des dogmes religieux, d'une approche authentique, comme le précise Saint Jean dans cette remarque : *Ce que nous serons n'est pas encore apparu*. Donc l'au-delà humain se situe dans un entre-deux, dans le temps qui s'écoule entre la mort individuelle et la résurrection finale. C'est pour l'orthodoxe un état invisible qui continue la mort et peut s'identifier aux trois longs jours passés par le Christ au tombeau, pendant lesquels IL est descendu aux Enfers afin d'en délivrer l'humanité captive. De plus, si les particules biochimiques du corps sont anonymes et appartiennent à la nature cosmique totale, il existe une parenté entre l'anthropologie biblique des liens qui unissent le corps et l'esprit et les découvertes récentes de la médecine psychosomatique. La liturgie orthodoxe comporte d'ailleurs un symbolisme très évocateur de cette réalité de la participation des morts à la vie de l'Eglise. Mais tant que celle-ci et le monde ne se sont pas mués en Royaume, tant que les hommes ne sont pas encore pleinement unifiés dans le corps du Christ, il y a distanciation, tension et souffrance. Origène revient d'ailleurs ici dans un texte magnifique où le Christ représente la Tête de son Corps qui est l'Eglise toute entière.

Enfin, si en Occident on a largement perdu le sens de l'au-delà, les orthodoxes gardent des traditions du christianisme primitif concernant les rapports à avoir avec les défunts. Un service, appelé *pannikhide*, rassemblant la famille d'un défunt autour du *pope*[14] est pratiqué au moins une fois par jour par certaines familles. Tous les assistants tiennent un cierge allumé en signe de cette résurrection qui sera le terme final du grand passage et ce n'est pas pour rien que l'officiant encense le corps du défunt, corps du Seigneur, qui est aussi le temple de l'Esprit-Saint. On trouve chez *Denys l'Aréopagite*[15] une description de rites funéraires maintenant oubliés, même des orthodoxes, tel celui de l'onction qui est probablement à l'origine du sacrement de l'extrême onction, pratiqué aussi par les catholiques.

Cet intérêt si profond pour les rites funéraires tant chez les orthodoxes que chez les catholiques traditionalistes, témoigne de l'héritage préservé par l'Eglise, des anciennes traditions orientales, région où le christianisme primitif s'est développé. C'est par exemple le cas des services à la mémoire des morts si répandus chez les orthodoxes et qui tirent leur origine, comme en Occident, du second *Livre des Macchabées*.

---

14. Prêtre orthodoxe.
15. 1er Evêque d'Athènes, converti par saint Paul, martyrisé à la fin du 1er siècle, membre de l'Aréopage; à ne pas confondre avec Saint Denis 1er évêque de Paris et avec un philosophe grec chrétien des Ve et VIe siècles (pseudo-Denys).

La survie selon le Judaïsme

Il semblerait tout d'abord que le concept de survie de l'âme en tant que tel se soit exprimé assez tardivement dans le judaïsme. Ce concept fut enregistré officiellement au XIIIe siècle de l'ère chrétienne dans les écrits de *Maïmonide*, premier théologien juif ayant tenté une dogmatique juive. Maïmonide fut combattu pour avoir tenté de résumer en treize articles de foi l'ensemble des croyances du judaïsme. Pour ce théologien, la survie de l'âme était l'occasion pour Dieu de récompenser les bons et les justes et de punir les méchants. Le salaire de la vie dans ce monde serait donc donné dans l'autre. Opinion, qui remarquons-le au passage, n'a rien de proprement judaïque ! On ne trouve pas dans la *Thora* (partie de la Bible juive correspondant au Pentateuque des chrétiens) de référence particulière à la vie de l'homme dans l'au-delà. Le Schéol, évoqué plus haut est bien sûr mentionné dans plusieurs textes; dans les Psaumes on peut lire : *Tu n'abandonneras pas mon âme au Schéol*, qui semble indiquer ici l'abîme ou les "enfers". Par contre on peut envisager la *Kabbale* comme le schéma, le moyen, l'outil ou le chemin pour parvenir à la survie à partir de notre existence actuelle. Le problème est que cette Kabbale est réservée à une élite et ne peut s'adresser à la masse. Cette création merveilleuse qu'est la Kabbale contient déjà en elle-même la synthèse la plus extraordinaire du rapport entre l'homme et l'univers. S'il y a trois mondes, un monde avant la vie, un monde durant l'existence terrestre et un monde après, le seul utile à l'homme est bien sûr celui du milieu. Or, on lit dans la Kabbale, cette curieuse phrase : *Avant de vivre, l'âme mange le pain de la honte*. Pour les rabbins, cette affirmation fait référence au pain de la Grâce divine accordée à l'homme, qu'il ne mérite pas. Mais il existe dans le judaïsme un fort courant hostile à toute notion de Grâce, interprétée comme l'expression d'une faiblesse excessive de l'homme. D'où le "pain de la honte". On trouve pourtant dans l'Ancien Testament plusieurs allusions à un hypothétique paradis dans l'au-delà, mais il s'agit toujours d'une survie dans le cadre d'une cosmogonie[16], et non d'une destinée individuelle comme dans le christianisme. Le judaïsme et la tradition juive semblent plus s'intéresser à réaliser le royaume de Dieu sur terre qu'à préparer l'homme à son futur post-mortem. A partir du moment où les hommes ne disposent que de leurs organes sensoriels pour apprécier le monde, il semble difficile, voire impossible de se faire une idée du monde au-delà de la mort. Exception faite de quelques textes du Midrash et du Talmud, où l'idée que subsiste après la mort un certain lien entre le corps et l'âme (les sept premiers jours, puis l'année suivant le décès), l'optique de la survie reste donc dans le judaïsme une préoccupation mineure sinon, à placer dans une perspective générale, cosmogonique ou apocalyptique. Certes les textes bibliques comme tous les grands textes religieux de l'humanité, font appel à une angéologie et une démonologie assez sophistiquées qui pourraient faire l'objet d'un chapitre entier du présent ouvrage. Mais encore une fois, ce serait dévier notre sujet vers la cosmogonie. De même en ce qui concerne la Kabbale qu'il n'y a pas lieu d'approfondir ici. Disons seulement qu'il s'agit à la fois d'un système de connaissance gnostique, qui peut devenir un système opératif au sens de la magie et enfin d'un système de réalisation de soi (une voie mystique !). C'est donc dans ce sens un ART MAJEUR d'une exceptionnelle richesse, issu de l'ésotérisme hébraïque[17]. Comme cet ésotérisme, ainsi d'ailleurs qu'une bonne partie de la Genèse biblique, a ses sources dans les anciennes religions de la Mésopotamie, il nous a paru logique de dire maintenant quelques mots des croyances et rites funéraires de cette région, avant de passer à l'Islam.

La Survie de l'âme en Mésopotamie ancienne :

Souvent dénommée "le pays entre les deux fleuves", la Mésopotamie ancienne a vu naître entre le Tigre et l'Euphrate, officiellement il y a plus de 5000 ans – en réalité il y a plus long-

16. Voir "le paradis des Juifs" dans "Quelle autre vie après la mort" de Charles Le Brun, Ed. Trajectoire.

17. Cf. glossaire pour plus d'explications.

temps que cela – les différentes civilisations *suméro-assyriennes*. Cette région oubliée pendant des siècles, revenue à la une de l'actualité depuis la guerre Iran-Irak de 1988-89, puis en 1990-91 avec la première guerre du Golfe, enfin au printemps 2003 avec la seconde guerre contre l'Irak, n'a commencé à livrer ses premiers secrets qu'au début du XIXe siècle. Terre originelle des récits bibliques et source de l'Ancien Testament (en particulier du récit du Déluge dans la Genèse), la Mésopotamie a peut-être vu naître la plus ancienne civilisation humaine post-diluvienne[18], avant même l'Egypte, la Chine et l'Inde. Archéologues allemands, anglais et français se sont succédés depuis plus d'un siècle pour exhumer des ruines, statuettes et tablettes d'argile par milliers, murs d'enceinte, pyramides à degré, colonnes et palais ensablés. On trouve dans les archives des civilisations qui s'y sont succédées les premiers rituels de magie et d'astrologie, ainsi que de nombreux textes juridiques et religieux, les plus anciennes tables astronomiques connues sur terre et de nombreuses relations historiques sur la vie des souverains. Là sont probablement nées les premières écritures de l'humanité post-diluvienne (sauf si on démontre l'antériorité de l'écriture de *Glozel* en France) : les écritures cunéiformes, dont on retrouve les traces dans les vestiges de la cité des premiers *Phéniciens* à Ugarit, (Ras Shamra en Syrie) témoignant de cette civilisation.

Aussi étrange que cela puisse paraître, on ne trouve en Mésopotamie, et à *Babylone*, que très peu de textes sur un éventuel dogme de la mort et de ce qui se passe après. Les Babyloniens croyaient certes à l'existence d'un monde des morts, comme dans les autres civilisations du Moyen-Orient, désigné par la Maison des Ténèbres et de la Poussière. Mais ils ne pouvaient espérer le moindre bonheur dans cet *Arallou* où se rendait leur ombre, l'*Entimnou*, plein de terreur, après leur mort. On pense à l'Enfer, bien qu'il n'existât pas de tortures, de supplices ou de châtiments. Rien non plus qui rappelle un quelconque paradis ou une hypothétique résurrection. Les rites funéraires

18. Postérieure au cataclysme du Déluge, primitivement relaté dans les vieux textes mésopotamiens.

avaient pour fonction d'aider le défunt à réaliser un long périple au-delà de l'*Arallou* : un long voyage, dont la dernière étape consistait en la traversée du fleuve infernal, le Khoubour, sur une barque du passeur des ombres, Khoumout Fabal. En somme la mort restait sans espoir et la religion muette. Une seule exception à cela, l'épopée du héros *Gilgamesh* [19], qui après la mort de son compagnon *Enkidu*, part en quête de l'immortalité.

Restons au Proche et au Moyen Orient pour examiner maintenant le sens que l'Islam donne à la survie de l'âme, avant de s'intéresser au problème de la réincarnation.

L'opinion de l'Islam sur l'après vie

Pour l'Islam, toute religion authentique doit reposer sur deux piliers : le premier exotérique (extérieur), destiné au corps social et à la masse ; le second ésotérique (occulte et symbolique) révélant les lois et les structures divines immuables, destiné aux Initiés. C'est ce que les *ésotéristes chrétiens* [20] appellent la *Gnose*, encadrée par l'Eglise invisible de saint Jean, par différence avec l'Eglise de saint Pierre (et non par opposition, puisqu'elles doivent être complémentaires) qui agit dans le monde au sein des sociétés humaines. Dans cette optique les musulmans *soufis* constituent le volet ésotérique de l'Islam, sorte de noyau mystique et théologique de cette religion. Pour faire court, car la théologie musulmane demanderait de longs développements qui n'ont pas leur place ici, on peut dire que la religion islamique reconnaît tout d'abord :

- l'unicité divine,
- la survie de l'âme et sa rétribution,
- l'existence d'un au-delà de la mort, mais aussi,
- d'un au-delà du sensible, un univers subtil, lui même ordonné en une série de niveaux (ou degrés) et de mondes ayant chacun leurs propriétés.
- Les anges de Dieu peuplent les mondes invisibles.

19. Roi sumérien du IIIe millénaire devenu un héros mythique ; Voir notamment "La mort est une autre naissance" (op. cit).

20. Non reconnue par l'Eglise romaine.

Or dans les prières quotidiennes du musulman l'invocation constamment répétée est : *Louange à Dieu, Maître des Mondes.*

Ensuite, ce qu'il advient de l'âme du défunt dépend de son mérite ici bas. Elle commence par survivre dans un état intermédiaire, le *barzakh*, dans l'attente du *Jugement Dernier* au terme duquel cette âme sera élevée au paradis ou précipitée en enfer. On voit qu'il n'y a rien là de très différent des visions judéo-chrétiennes et zoroastriennes [21] de la vie après la mort. L'Islam comme le Christianisme a par ailleurs conservé et codifié en quelque sorte, de nombreuses croyances des peuples sémitiques antérieurs relatifs aux "esprits de la nature" comme les *djins* et les elfes par exemple. Notons aussi, et ceci est totalement méconnu du grand public, que si l'Islam a été particulièrement influencé par quelques rabbins syriens des VIe et VIIe siècles, il l'a également été par les idées grecques ainsi que par les chrétiens fidèles à l'hérésie nestorienne[22].

Enfin, le désir de la doctrine islamique de tout vouloir purifier à l'extrême et de présenter les choses de l'au-delà sous une forme poétique exagérée renforce une apparence doctrinale déjà assez sévère et souvent abstraite.

21. *Ancienne religion de la Perse avant l'arrivée de l'Islam.*
22. *Membres de la secte chrétienne animée par Nestorius (mort vers 440) patriarche de Constantinople.*

LES DOGMES DE LA REINCARNATION

Dans un village de pêcheurs sur les rives de l'océan indien, Manika, une fillette catholique de dix ans, affirme qu'elle a connu auparavant une autre existence, que son mari était un riche brahmane du nom de Ranjit Sharma et qu'elle est morte en couches. Devant une telle déclaration, son instituteur le Père Daniel, jésuite irlandais, tente de ramener Manika à une plus juste perception des choses, mais en vain. La fillette finit par s'enfuir vers le nord de l'Inde et part à la recherche de sa vie antérieure. C'est alors que commence une quête incroyable. Après en avoir référé à sa hiérarchie, le Père Daniel est chargé de retrouver la fillette. Au terme de longues pérégrinations il y parvient enfin, mais se laisse convaincre par Manika de l'accompagner jusqu'à une ville du Gange nommée Rishikech, où elle reconnaît différents endroits de sa vie passée. Impressionné par la détermination de son élève et par l'authenticité des témoignages, le Père Daniel accepte encore d'aider la fillette dans la recherche de son "ancien mari". Malgré quelques difficultés, le prêtre et l'enfant finissent un jour par retrouver le fameux époux. Homme d'une quarantaine d'années, Ranjit est séduisant et lucide. Bien que fort intrigué à l'écoute de l'histoire de Manika, il confirme nombre de détails et d'événements rapportés par elle. Comme tout bon brahmane, il croit à la possibilité de la réincarnation et malgré sa stupéfaction, croit aussi à la sincérité de la fillette. Mais cette fantastique histoire ne s'arrête pas là. Le Père Daniel, terriblement troublé par cette affaire traverse alors une crise de conscience, non seulement personnelle, mais aussi théologique : le principe même de la réincarnation ne pouvant s'accorder avec sa foi et ses croyances (pense-t-il) ! Fondée sur des événements réels, cette histoire a fait l'objet d'un film [23], particulièrement poignant, puis d'un roman, publié chez Robert Laffont en 1989. En voici l'épilogue : Manika reviendra à l'école de son enfance en compagnie de son instituteur. La vie de chacun pourra

23. *"Manika, une vie plus tard" réalisé par François Villiers.*

continuer son cours. Après une longue période de doute, de réflexion et de conversation avec ses collègues et ses supérieurs, le Père Daniel, repartira un jour vers une autre mission et d'autres horizons. La crise qu'il traversa dans cette épreuve, lui aura appris que la réalité des choses est souvent plus complexe qu'on ne l'imagine. Maintenant, il approfondira chaque jour davantage sa connaissance des textes sacrés – autant chrétiens qu'hindous – en latin ou en sanscrit et perfectionnera sa pratique de la méditation.

Il existe en Inde, et ailleurs, des milliers d'histoires de ce genre sur la réincarnation. L'intérêt de celle-ci réside surtout dans ses acteurs et dans le contexte : petite fille chrétienne sans expérience et non européenne, Père jésuite étranger à la philosophie de la réincarnation, souvenirs précis et immédiats de la principale intéressée...

Nous voici plongé dans une vision rythmique de l'univers et des cycles de vie, où le principe de la *réincarnation*, que nous considérerons ici comme une hypothèse, donne à l'âme une immortalité intrinsèque et la perspective d'un voyage illimité dans l'espace et le temps. La succession des périodes d'incarnation et de mort correspond à des phases d'activité et de repos comparables à l'alternance entre la veille et le sommeil, ou dans le langage des hindous à la "manifestation" et à la "non-manifestation". Ainsi le principe spirituel impérissable poursuit son périple, d'existence en existence (symbolisé par la roue hindoue des incarnations), changeant de corps et de vie, à la manière d'un acteur qui modifierait costume ou décor. Cette croyance est universelle et très ancienne. Elle touche autant la tradition hindouiste, bouddhiste, que l'ensemble du bassin méditerranéen, ainsi que d'anciennes religions africaines et sud-américaines. Même la tradition chamanique s'y rapporte comme on l'a noté en début de ce chapitre.

Mais en dehors des aspects proprement historiques et purement culturels de cette vision, il importe de se demander ce qu'on sous-entend effectivement par réincarnation :

- est-ce simplement la possibilité qu'a l'âme de réintégrer un autre corps humain, par une nouvelle naissance ? Mais alors quand, pourquoi et où; et surtout, combien de temps ces cycles peuvent-ils durer ?

- est-ce au contraire la possibilité de renaître sur terre, mais dans autre chose que dans un corps humain ? Par exemple dans le corps d'un animal, et de quelle espèce ? Mais une telle situation ne serait-elle pas assimilable à une régression dans l'évolution de l'âme ? Ce "scénario" que l'on appelle métempsycose est admis non seulement par le chamanisme, mais aussi par l'hindouisme et probablement par d'autres religions anciennes et méconnues.

- enfin est-ce la possibilité pour l'âme de transmigrer d'un corps à un autre, mais pas seulement sur terre : dans d'autres mondes, sur d'autres planètes habitées, et de revenir peut-être sur terre ensuite ?

A ces trois questions, aucune des grandes religions d'Asie, ni leurs nombreuses écoles de pensée, ni les sectes qui gravitent autour ne donnent de réponse satisfaisante. Les différentes écoles de l'hindouisme et du bouddhisme ne cessent de se quereller, comme jadis les théologiens de Byzance au sujet du sexe des anges, quant à la nature exacte et aux modalités du processus supposé de la réincarnation. C'est dire, pour parler vulgairement, qu'on est pas sorti de l'auberge. Au plan théologique et philosophique les trois questions ci-dessus ont pratiquement été abordées ou discutées par les plus grands esprits de l'antiquité à nos jours en Occident autant qu'en Asie. Empédocle (en Grèce au Ve siècle av. J.-C.) développe déjà un point de vue sur la métempsycose. De même que l'orphisme et le pythagorisme, les deux plus prestigieuses écoles grecques des Ve et VIe siècles av. J.-C., enseignent une doctrine de la transmigration des âmes, alors qu'en Egypte on croit plutôt à la résurrection (signe avant coureur de l'arrivée du christianisme). N'oublions pas non plus

Platon et sa République, qui décrit d'une manière minutieuse et franchement pittoresque comment les âmes désincarnées sont envoyées vers leur nouveau destin. Puis viennent les gnostiques de toutes origines, pré-chrétiens et post-chrétiens et enfin les Cathares dont l'hérésie fut anéantie. La réincarnation serait chez les gnostiques manichéens inspirateurs du catharisme, une sorte de purgatoire destiné aux pécheurs, leur permettant par des renaissances successives de se purifier avant de pouvoir atteindre l'état de "Parfait" si cher aux Cathares. Mais cette doctrine existe déjà dans l'hindouisme depuis longtemps ! En condamnant le catharisme, l'Eglise de Rome condamne une nouvelle fois la théorie "réincarnationiste" comme elle ne cessera de le faire ultérieurement.

Cette théorie reviendra pourtant à plusieurs reprises en Europe et en Amérique, au XIXe siècle, à travers divers mouvements spiritualistes dont les plus connus sont : celui des théosophes de Mme Blavatsky, du colonel Alcott, d'Anne-Marie Besant et enfin Leadbeater, puis celui du spiritisme d'Allan Kardec [24]. Tous ces mouvements s'inspirent avec plus ou moins d'exactitude de l'hindouisme ou du bouddhisme.

Dans son ouvrage "*Le Livre des Esprits*" Allan Kardec érige la doctrine des vies successives en véritable dogme:

- Comment l'âme, qui n'a point atteint la perfection, pendant la vie corporelle, peut-elle achever de s'épurer ?

- En subissant l'épreuve d'une nouvelle existence.

La vision hindouiste de la réincarnation est à la fois multiple et particulièrement compliquée ; elle nécessiterait de longues pages pour être détaillée. Par contre les bouddhistes ont, semble-t-il, une vue plus simple des choses. On connaît d'ailleurs plusieurs courants bouddhistes sur ce thème, qui divergent complètement. Avant d'en dire quelques mots voici une belle image des tenants de la non-réincarnation.

Supposez que votre personne soit au moment de la naissance

24. Cf. chapitre suivant.

une goutte d'eau issue d'un immense bassin d'où viennent toutes les gouttes qui forment les différentes individualités sur terre. Elle mène sa vie et meurt pour retourner ensuite au grand bassin d'où elle vient. La goutte d'eau se fond alors dans l'ensemble et disparaît à jamais en tant que personne. Une nouvelle goutte naît, mais n'ayant rien de commun avec l'une des précédentes, sauf peut-être quelques éléments d'une mémoire cosmique, qui lui permet de croire qu'elle a vécu la vie d'une autre goutte d'eau qui s'appela un jour Marie-Antoinette, Einstein ou Napoléon. C'est là une belle illustration de ce que la théorie de la réincarnation peut-être fausse, et c'est une histoire bouddhiste !

On ne peut évidemment parler de la réincarnation sans évoquer le fameux "Livre des Morts" tibétain qui est un peu à ce courant bouddhiste ce qu'est à l'Egypte ancienne le Livre des Morts égyptien. Nous sommes ici dans un cas très particulier, et très mystique de la "religion" bouddhiste, qui ne l'oublions pas, est plus à l'origine une philosophie de l'existence qu'une religion ou une théologie. Ce livre, ou Bardo Thodol, expression du bouddhisme tantrique se présente comme un exposé à la fois doctrinal et expérimental du parcours que doit suivre le moine qui va passer de l'autre côté du voile. C'est presque, si l'on peut se permettre une telle comparaison, un "mode d'emploi" et un passeport pour l'au-delà ! Le mot Bardo signifie "état intermédiaire", ou "état incertain, crépusculaire". Pendant les trois jours qui suivent le décès, la plupart des défunts, sous le choc de cette expérience traumatisante, sombre dans l'inconscience. Seul le sage affranchi de l'ego, non-affecté par la perte du corps échappe à l'évanouissement et peut alors s'immerger dans la pure lumière de la réalité. La force vitale et le principe conscient s'unissent et quittent le corps par l'ouverture du sommet de la tête (le dernier chakra). Vient ensuite une série d'épreuves, qui ne sont que des illusions issues du Karma accumulés par le sujet, et dont l'issue dépendra du degré d'évolution de chacun. Une étude comparative de ce Livre des morts avec celui des Egyptiens serait captivante. Peut-être a-t-elle déjà été entreprise ?

Quoi qu'il en soit, il ne peut se dégager de solution sur ce thème de la réincarnation par les seules discussions théologiques, comme cela se fait depuis quelques centaines ou milliers d'années, mais par une nouvelle approche scientifique de la question. Nous reviendrons là-dessus au dernier chapitre de ce livre.

En attendant, si la réincarnation n'est qu'une hypothèse, certes séduisante, du devenir de l'âme après la mort, qu'en est-il de l'autre hypothèse, celle de la résurrection ?

Question complémentaire : est-on bien sûr que ces deux points de vue soient vraiment incompatibles ? Ne sont-ils pas au contraire parfaitement complémentaires dans un processus d'évolution-involution de l'âme que notre intelligence bornée n'est pas encore capable d'apprécier ?

LA CROYANCE EN LA RESSURECTION

La croyance en la résurrection ne date pas de l'apparition du christianisme, mais comme on l'a déjà dit de l'Egypte ancienne. Peut-être ne s'agit-il pas de la même résurrection. Dans un livre tout à fait étonnant "*Peut-on croire à la résurrection ?*" [25], Louis-Marie Vincent rejoint dans une analyse foudroyante ce que nous laissions apercevoir dès le chapitre III avec les idées sur la mémoire cellulaire et l'oscillateur de Lakhovsky. La grande question est savoir de quelle résurrection parle-t-on ! Souvenons-nous de cette déclaration remarquable de Saint Paul dans sa première Epître aux Corinthiens : *Mais dira-t-on, comment les morts ressuscitent-ils ? Avec quel corps reviennent-ils ? Insensé ! Ce que tu sèmes, toi, ne reprend vie, s'il ne meurt. Et ce que tu sèmes, ce n'est pas le corps à venir,(...) Dieu lui donne un corps à son grè, à chaque semence un corps particulier. Toutes les chairs ne sont pas les mêmes,(...) Il y a des corps célestes et des corps terrestres, mais autre est l'éclat des célestes, autre celui des terrestres.(...) Ainsi en va-t-il de la résurrection des morts : on sème de la corruption, il ressuscite de l'incorruption ; (...) on sème un corps psychique, il ressuscite un corps spirituel.(...) Et de même que nous avons revêtu l'image du terrestre, il nous faut revêtir aussi l'image céleste.(...) Oui, je vais vous dire un mystère : nous ne mourrons pas tous, mais tous nous serons transformés. En un instant, en un clin d'œil, au son de la trompette finale, car elle sonnera, la trompette, et les morts ressusciteront incorruptibles, et nous, nous serons transformés...*

Louis-Marie Vincent se demande si l'on peut confondre la "résurrection de la chair" avec la "résurrection des morts". Après avoir analysé les grandes perspectives proposées par les religions en général et le christianisme en particulier, l'auteur nous embarque dans le tourbillon de la biologie et des sciences de la vie, pour aboutir finalement, avec le Comte du Nouÿ, H. Prat et Jean Charon, à une vision relativiste[26] des mécanismes biologiques

25. Dervy-Livres – Paris – 1988, cf. bibliographie.
26. Conception utilisant la Relativité d'Einstein.

et des rapports esprit-matière susceptibles d'amener à un nouveau concept de la résurrection, permettant de donner une réponse aux interrogations suivantes :

- est-ce notre corps physique actuel qui est amené à ressusciter sous une forme purifiée et incorruptible ?

- est-ce un autre corps que celui que nous connaissons aujourd'hui qui se "substituera" à l'actuel ?

- est-ce encore une dématérialisation de nos cellules actuelles et leur fusion "atomique" avec notre corps éthérique qui sera la résurrection ?

C'est toute la question de savoir quel est donc ce corps glorieux auquel font appel non seulement les écrits du Nouveau Testament, mais d'autres textes sacrés de l'humanité. Ce corps glorieux est-il celui que saint Paul appelle le corps céleste ou n'est-il que le corps psychique transformé par la gloire divine ? La science viendra-t-elle en renfort de la religion, avant que tout ne disparaisse dans le feu purificateur. De manière concrète, le feu purificateur correspond à l'incinération des corps. Mais qu'en est-il au juste ?

L'INCINÉRATION : UNE PRATIQUE VIEILLE COMME LE MONDE, MAIS TRÈS CONTROVERSÉE.

Les contributions sur l'incinération sont assez rares. Celle que nous allons citer plus loin a le mérite de revenir sur le sens profond de cette pratique et ses conséquences éventuelles dans l'au-delà ! Car le vrai problème est en effet de savoir quelles sont les conséquences d'une telle pratique sur l'évolution de l'âme et de l'esprit dans le monde de l'Hadès (le monde des morts), puis dans les autres "territoires" de l'au-delà, prenant comme schéma de base – même si on ne le partage pas – la présentation traditionnelle de l'Eglise catholique en limbes, purgatoire, paradis et enfer.

Soyons concret : qu'advient-il de mon âme si mon corps est incinéré ou livré à la crémation ? S'en suit-il les mêmes conséquences que si je suis enseveli ? Même question pour la momification si l'on veut approfondir le sujet. Et pour aller plus loin encore, même question pour celui qui commet un suicide.

Pour un croyant cette question est primordiale ! Car la nature même et la forme de la survivance dans l'au-delà, sont semble -t-il directement liées à la manière dont le corps aura été traité après la mort.

Pour l'incroyant elle est dénuée de sens, et peut se résumer à souci de "gestion" : comment réduire l'espace mortuaire alloué à chaque défunt, et comment améliorer les dispositions sanitaires consécutives aux inhumations. Si l'incinération semble être la meilleure des solutions physiques pour résoudre les préoccupations de gestion funéraire, elle peut légitimement être repoussée comme solution religieuse ou spirituelle pour la "bonne" survie de l'âme. De même qu'on se pose la question pour les suicidés, on peut aussi se la poser pour les âmes des corps incinérés. Un tel souci devient d'ailleurs une véritable hantise pour certains croyants qui tout en continuant à pratiquer leur religion font aussi partie de groupes ésotériques, initiatiques, gnostiques ou symboliques divers et variés [27] où l'incinération est recommandée, quand elle n'est pas la règle.

27. *Théosophie, Rose+Croix, Franc-Maçonnerie...*

Voici un intéressant témoignage concernant "L'Incinération des Corps selon l'Ordre Pythagoricien"[28] :

Aujourd'hui présentée comme un progrès de la civilisation moderne, alors qu'elle était encore inconcevable aux yeux des anciens et qu'elle le reste pour maints occultistes contemporains, la pratique de la crémation des corps gagne du terrain dans la civilisation occidentale. Ainsi l'Eglise catholique romaine après s'y être opposée depuis l'origine, ne l'interdit plus à ses fidèles depuis quelques décennies (en fait depuis Vatican II)[29]. (...) *L'Eglise catholique libérale, préconisant, il est vrai, un délai d'attente – qui n'excède jamais sept jours et se trouve souvent réduit à trois – entre la mort et la crémation.* Ce qui donne peut-être le temps au corps éthérique de se disperser ou se dissoudre dans le champs électromagnétique et au corps astral d'abandonner les lieux !

Mais les arguments répandus en faveur de la pratique de l'incinération des corps ne sont-ils pas significatifs d'une civilisation qui affiche sa peur de la mort au point de la nier ? (...)

Depuis quelques décennies déjà, des écoles ésotériques se sont élevées contre ce procédé. Et de grands occultistes n'ont pas manqué, eux aussi, de relever les conditions particulières du déroulement de toute crémation dans notre civilisation contemporaine, satisfaisante sans doute pour l'homme d'aujourd'hui, mais inquiétante pour qui connaît l'anatomie cachée de l'être humain et le devenir naturel et post-mortem des différents éléments dont il est constitué. Si la crémation a été et demeure traditionnelle en Inde ou ailleurs, n'oublions pas de dire que les conditions de son déroulement ne sauraient être comparées à celles d'une incinération en Occident. Brûler lentement un corps, en plein air, sur des bois de santal, en respectant un rituel particulier, ne revient pas au même que de l'incinérer dans un crématorium. Car il en va du devenir de ce double le plus matériel de notre organisme qui, dans certaines Ecoles, a pour nom le corps éthérique. Et dont la dissolution pourrait être entraînée par la destruction du corps,

28. *Résumé d'un article dû à Serge Caillet, publié dans le n°4/2001 de la revue martiniste l'Initiation.*
29. *C'est nous qui soulignons.*

tandis qu'il se désagrège lentement à l'ordinaire, lorsque le corps physique se décompose naturellement. On lira dans un instant l'avis de Charles Lancelin[30], rapporté par un responsable de l'Ordre Pythagoricien[31] (dans un document officiel).(...) Ce document expose les arguments classiques des adversaires de la crémation des corps, à la lumière de l'anatomie occulte de l'homme et serait susceptible d'éclairer ceux qui hésitent encore entre la terre et le feu.

Charles Lancelin déclare donc :

De crematione corporis

I. Les Egyptiens enseignaient que le cadavre de l'homme demeurait le support de son double pendant un certain temps après la mort, il fallait donc conserver ce support aussi intact que possible afin de lui donner la possibilité de maintenir le double en sécurité et le protéger contre les tempêtes astrales de l'Amenti. De là, les précautions extraordinaires prises (...) pendant des millénaires afin d'empêcher les cadavres de se corrompre et de perdre l'intégrité de leur forme, support du double. L'embaumement des cadavres humains était rigoureusement enseigné et appliqué,(...). L'incinération des cadavres était sévèrement interdite et Hérodote rapporte que le plus grand scandale dont les Perses se soient rendus coupables lors de l'invasion de l'Egypte par Cambyse, consista précisément dans l'ordre que donna ce despote de livrer aux flammes la momie du roi Amasis...

II. Pythagore apprit en Egypte l'interdiction de la crémation et il l'introduisit en Grèce et en Grande Grèce (sud de l'Italie)...

III. Les raisons de cette interdiction absolue sont les suivantes :

30. Déjà cité au sujet des OBE – chapitre II – voir bibliographie.
31. OTHM : à classer parmi les ordres Initiatiques Hermétiques, riches d'une longue tradition occultiste (au bon sens du terme !).

> *1)- La crémation est anti-naturelle. Le corps humain est en effet un composé de corps multiples, à la mort physique, la mort totale ou séparation de ses divers principes constitutifs n'est pas encore réalisée, toute crémation a donc pour effet de faire violence à la lente désagrégation naturelle et à précipiter injustement la dissociation de l'être entier. Brûler un cadavre consiste à anéantir en même temps ses doubles les plus matériels ; pareille opération est non seulement abominablement douloureuse pour le double astral, siège de la sensibilité, mais est en outre un véritable crime car il prive l'entité survivante d'une partie de ses modes de connaissance et de sensibilité.(...)*

L'auteur compare ici la crémation avec l'acte d'un horticulteur qui brûlerait les graines en même temps que les plantes et fleurs fanées.

Les Grecs quant à eux (à une certaine époque) acceptaient la crémation pour empêcher les défunts de revenir sur terre et d'influencer ou de tourmenter les vivants. La crémation avait alors la réputation de briser par le feu tout lien entre les morts et la terre des vivants. Il arrivait même qu'on brûla tous leurs objets familiers avec leur cadavre. On sait (encore de nos jours) la réputation qu'ont les habits, les bijoux, et les objets familiers de garder les "vibrations" de la personne à qui ils appartenaient. Lancelin note encore : *semblable résultat est contraire à la doctrine* de *la Communion des Saints, c'est-à-dire des liens bénéfiques directs, par la prière, entre les vivants et les morts. Les égarés qui se font incinérer se réservent donc volontairement le plus effroyable des châtiments.* Cette affirmation bien que justifiée si l'on veut perpétuer la Tradition, perd de son importance si les desseins de Dieu sont de changer notre monde et de le renouveller. Jésus n'a-t-il pas dit à ses disciples que tout devait changer, non seulement ici-bas, mais aussi dans les cieux ? Ceci vaut d'ailleurs pour toutes les modifications qui ont pu être apportées aux différents règles et rituels des grandes religions, en particulier dans la liturgie catholique (notamment avec Vatican II). Il faut se mettre dans l'idée, et nous savons tous à quel point c'est difficile, qu'il n'y pas que le monde matériel, social ou économique qui bouge, mais que le monde spirituel est lui aussi susceptible de transformations ! En l'espèce, seuls les religieux peuvent en avoir connaissance, si c'est le cas. On sait que l'Eglise romaine a longtemps interdit l'incinération des morts, perpétuant d'ailleurs ainsi, la tradition ésotérique des peuples anciens et du pythagorisme le plus rigoureux. Alors, pourquoi a-t-elle changé de cap ces dernières décennies ? Un spécialiste pourrait peut-être répondre à cette question. Est-ce un simple acte de faiblesse, face à certaines pressions anti-traditionalistes, pour plaire aux modernistes dans l'Eglise ? Y –a-t-il au contraire une raison plus occulte, et plus dogmatique ? Quelque chose d'important a-t-il changé dans l'au-delà ou dans l'Hadès qui justifierait la levée d'une interdiction aussi ancienne ? Nous n'avons pas de réponse claire. Mais, c'est bien connu, rien dans l'Eglise catholique romaine ne se fait à la légère... !

Mais revenons à Charles Lancelin : *La crémation des cadavres a un autre effet encore : il enlève à une cité – dont les ancêtres reposent dans le cimetière voisin – toute influence sur leurs descendants. On sait que les ossements conservent une charge vivante et émettent une radiation permanente, que des médiums sensibles peuvent détecter avec une telle précision qu'ils peuvent même déterminer le sexe de ces ossements.* Compte tenu de ce qui a été dit aux chapitres précédents, voilà qui n'est pas vraiment surprenant. C'est un lieu commun, dans les doctrines et théories sur l'au-delà, de croire que les être vivants, même morts, irradient plus ou moins dans l'espace et le temps. La vraisemblance des maisons hantées est justement basée sur cette idée. De même que les manifestations post-mortem et certains poltergeist peuvent avoir leur origine dans les radiations émises par les morts, quand ils ne sont pas le fait des sujets eux-mêmes ou de la mémoire des matériaux imprégnés d'événements violents ou douloureux. Brûler les morts reviendrait donc à priver la communauté ou la collectivité de la protection astrale de tous ceux qui l'ont créée et dont l'influence ne peut-être que salutaire. S'en suit-il que certaines cultures ou religions pratiquent la crémation précisément pour déconnecter la communauté de ses ancêtres ? Est-ce notamment le cas des hindous ou des bouddhistes ou de l'une de leurs composantes ? Laissons parler Lancelin : *Si le bouddhisme enseigne et pratique la crémation, c'est justement parce qu'il tend à la disparition totale de tout ce qui constitua notre personnalité et qu'il est le contre-pied du spiritualisme personnel du Pythagorisme. Il met la libération de l'être humain, non dans l'accomplissement de la perfection, mais au contraire dans son anéantissement et dans l'abolition de tout ce qui a une portée personnelle. Tout serait illusion, tout serait mensonge et erreur, seul l'impersonnel compte, il faut donc d'abord se délivrer de soi-même... On conçoit ce que cette doctrine a de désolant, de vide, de contradictoire avec les aspirations les plus profondes de l'homme. Aussi la crémation est-elle pour les hindous le moyen facile de détruire dans un cadavre tout ce qui demeure encore de charge psychique, forcément personnelle.* Bouddhistes ou hindous, l'incinération des morts dans ces religions d'Asie est courante; mais n'oublions pas la remarque judicieuse de Serge Caillet (qui cite le texte de Lancelin) rapportée au début, précisant que c'est la manière d'incinérer qui fait toute la différence quant aux effets (supposés) de la crémation. Les rituels ancestraux n'ont d'autres raisons que de permettre au corps éthérique de se dissoudre dans "l'éther" lentement, pour que cette "dissolution" soit complète. Ainsi le double astral peut quitter ses attaches sans les rompre brutalement et permettre au "fantôme" de continuer sa route. Au contraire, la crémation, en tout cas telle qu'elle est pratiquée aujourd'hui dans nos contrées, est un acte de violence, qui consumant presque instantanément le corps physique, inflige une torture atroce à la fois au corps astral et au double éthérique. Nous savons en effet que selon cette théorie, l'âme a reçu en s'incarnant dans la chair, diverses enveloppes énergétiques qui se sont imbriquées progressivement les unes dans les autres. A la mort, l'âme devra restituer selon un processus "naturel" conforme aux règles de l'au-delà, ces différentes enveloppes de manière entière et progressive.

Il ne s'agit pas d'une question morale, mais d'une question d'énergies psychiques et spirituelles. Avec les nouveaux concepts de la physique et de la chimie modernes, il devient plus facile, enfin, de comprendre le sens exact des ces mystères "éternels"... mais plus pour longtemps ! Car à l'instar de Jésus le nazaréen, nous pouvons pronostiquer pour les périodes à venir que même la mort sera vaincue ! La crémation, sauf peut-être lorsqu'elle est accompagnée des rituels "efficaces", libère simultanément toutes les enveloppes ou "écorces" qui enveloppent l'âme, au lieu de leur laisser le temps de disparaître dans un processus gradué. Cette méthode barbare peut-être comparée à la brutalité d'une infirmière qui au lieu d'enlever avec prudence les bandages recouvrant une plaie, arracherait d'un coup et sans ménagement l'épiderme et le derme.

Il semble donc bien que l'incinération des corps, hormis peut-être dans des conditions ritueliques très précises, et bien comprises, soit à proscrire, et ne puisse être une solution post-mortem pour aider le défunt.

CHAPITRE V

Peut-on communiquer avec les morts ? Thèses spirites, transcommunication, autres moyens d'entrer en relation avec les morts

"L'Humanité terrestre
n'est pas l'unique famille du Créateur;
le commencement et la fin de la Terre
ne sont pas le commencement et la fin du monde"
(Camille Flammarion)

"Naître, mourir, renaître encore
et progresser sans cesse,
telle est la LOI".
(Allan Kardec)

"Nous n'en avons pas fini avec le fantastique.
Grâce à tous nos instruments, les preuves de
la survie se multiplient [...].
Votre téléphone sonne tout à fait normalement.
Vous décrochez, et tout d'un coup vous entendez la voix,
le timbre, les mots familiers de la mère ou l'enfant
que vous avez perdu[...], la veille ou il y a quelques jours,
quelques mois, ou quelques années".
(François Brune)

L'exploration de l'au-delà, c'est bien entendu tout ce qui a déjà été évoqué dans les chapitres précédents, mais aussi et surtout, une réponse à la question : peut-on communiquer avec les morts ou pourquoi pas, avec d'autres entités éventuelles, dont la vie se déroulerait dans l'au-delà ?

A cette question plusieurs réponses ont déjà été apportées par les différentes cultures humaines aussi loin qu'on puisse remonter dans le temps. A l'instar des croyances religieuses et des rites funéraires abordés au chapitre IV, l'invocation des esprits ne date pas d'hier. On peut même avancer, sans risque de se tromper qu'il n'y a probablement pas une seule race, une seule ethnie ou peuplade, aussi reculée ou ancienne soit-elle, qui n'ait élaboré une procédure magique ou religieuse (un rituel) pour communiquer avec ses défunts et avec les ancêtres. Les rituels permettant de parler avec l'esprit des morts sont parmi les plus anciens qui existent.

Pour nous hommes du XXIe siècle la situation prend un aspect tridimensionnel :

- d'une part la persistance dans le monde moderne de rituels primitifs de communication avec les morts et du culte des ancêtres,

- d'autre part, comme on l'a déjà mentionné, l'apparition au XIXe siècle européen d'une démarche nouvelle dans la civilisation humaine à l'origine de l'Ecole Spirite connue sous le nom de Spiritisme, révélant une croyance en une communication possible entre les vivants et les morts,

- enfin les tentatives "mécanistes" pour communiquer avec les esprits au moyen d'appareils électro-acoustiques ou autres. Ces tentatives animées au départ par des préoccupations strictement scientifiques (cf chapitre I), se sont ensuite développées dans le cadre familial où s'est affirmé un désir intense de communiquer avec un être cher, brutalement disparu. Les moyens électro-acoustiques deviennent alors des supports d'enregistrement de messages à l'apparence spontanée. On parle de transcommunication.

Le cadre de cet ouvrage est trop limité pour traiter du premier point concernant les rituels d'invocation. Nous n'aborderons donc ici que les deux autres dimensions du problème : le spiritisme et la transcommunication.

LE SPIRITISME

La mode n'est plus aujourd'hui aux tables tournantes et invocations des esprits telles que l'ont pratiqué de nombreuses personnes de la fin du XIXe et du début du XXe siècle en Europe et en Amérique. Le phénomène spirite, particulièrement important entre 1860 et 1930, témoigne de l'intérêt considérable qu'a porté la société bourgeoise toute entière à cette exploration d'un genre nouveau; non seulement par la qualité des acteurs participants aux séances de spiritisme, mais également par celle des chercheurs dans ce domaine. En France, on connaît bien sûr les noms de Victor Hugo(1802-1885), de Camille Flammarion (1842-1925) et d'Allan Kardec(1804-1869)[1] qui sont étroitement associés à la naissance et au développement dans notre pays du spiritisme, ou mouvement spirite, né officiellement en 1861 après la publication du "Livre des Médiums" par Allan Kardec. Il est d'ailleurs intéressant de reproduire le texte de la profession de foi inscrite sur la couverture de l'une quelconque des éditions parues chez DervyLivre dans la présentation ci-dessous :

" **LE LIVRE**
DES MEDIUMS
OU
GUIDE DES MEDIUMS ET DES EVOCATEURS
CONTENANT
L'ENSEIGNEMENT SPECIAL DES ESPRITS SUR LA THEORIE DE
TOUS LES GENRES DE MANIFESTATIONS, LES MOYENS DE
COMMUNIQUER AVEC LE MONDE INVISIBLE, LE
DEVELOPPEMENT DE LA MEDIUMNITE, LES
DIFFICULTES ET LES ECUEILS QUE
L'ON PEUT RENCONTRER DANS
LA PRATIQUE DU SPIRI-
TISME POUR FAIRE
SUITE AU
Livre des Esprits

1. *De son vrai nom : Léon Hippolyte Denizart Rivail, fondateur du Spiritisme en France et dont la tombe au Père Lachaise à Paris est régulièrement honorée et fleurie. Son œuvre fut continuée par Léon Denis (1847-1927).*

Sur la première page de l'ouvrage l'auteur précise d'ailleurs que "le but essentiel du spiritisme est l'amélioration des hommes" et que "hors la charité, point de salut, point de vrais spirites". Il est donc assez remarquable que ce qui aurait pu être au départ une recherche purement "intellectuelle" et expérimentale se soit d'abord présentée comme une doctrine spirituelle sous-tendue par un cadre moral strict et précis ! Les titres de la liste des ouvrages publiés par Kardec, ne laissent d'ailleurs aucun doute à ce sujet et montrent qu'il s'agit presque d'une nouvelle "religion" :

"Le Livre des Esprits", "Le Livre des Médiums", "L'Evangile selon le Spiritisme", "La Genèse", “Les miracles et les Prédictions selon le Spiritisme", "Le Ciel et l'Enfer ou la Justice divine selon le spiritisme", qui contient l'examen comparé des doctrines sur le passage de la vie corporelle à la vie spirituelle, les peines et les récompenses futures; les anges et les démons; les peines éternelles...; ainsi que de nombreux exemples de situation "réelle" de l'âme pendant et après la mort. Rien à voir avec une approche scientifique, du passage de la vie corporelle à la vie spirituelle, mais au contraire, toute une doctrine à caractère religieux. D'une certaine manière une doctrine annonçant peut-être la moderne "Chistian science" ou d'autres "Church of Christ Scientist" (qui d'ailleurs rejettent aujourd'hui tout lien avec la doctrine spirite).

Initialement pratiqué dans les salons des grandes capitales européennes, – de Saint-Pétersbourg à Londres en passant par Paris, Lyon et de nombreuses autres villes–, le spiritisme a migré vers les laboratoires de recherche à partir du moment où les savants s'en sont mêlés. Sans vouloir retracer ici l'histoire du spiritisme (ce qui est hors de notre propos) il n'est pas inutile de revenir sur quelques points de repères significatifs de ce mouvement qui est la première tentative occidentale d'importance à avoir essayé d'établir une communication avec les morts.

En réalité c'est un peu avant les premières publications de Kardec que le spiritisme voit véritablement le jour avec les sœurs Fox dans une ferme de Hydesville (Etat de New-York). Et depuis

cette époque, espoirs, polémiques et supercheries de toute nature entourent les communications que les vivants auraient avec le monde des morts. Mais revenons aux sœurs Fox.
Nous sommes en mars 1848, John et Margaret Fox et leurs deux filles (Margaret, quinze ans et Kate onze ans) occupent depuis décembre 1847 une maison, dont la réputation d'être hantée est déjà bien établie. Au bout de quelques mois, des bruits étranges se font entendre, effrayant parents et enfants. Il s'agit de raps [2] : coups frappés dans les murs et les meubles. Kate la plus hardie, tente dans la nuit du 31 mars 1848 de répondre aux coups du "fantôme" qui hante la demeure. L'affaire prend une tournure cocasse : faisant claquer ses doigts dans l'obscurité, elle commande *Monsieur Splitfoot (Pied fourchu), faites comme moi,* tout en frappant plusieurs fois dans ses mains. La réponse ne se fait pas attendre et se révèle de la même sorte. Puis sa sœur recommence, en frappant quatre fois dans ses mains. La réponse est identique : la famille entend quatre coups. L'affaire se corse quand la mère demande à l'invisible de frapper autant de fois que ses enfants comptent d'années. La réponse est stupéfiante : *instantanément, on me donna correctement l'âge de mes enfants, avec une pause suffisante pour les reconnaître chacun, jusqu'au septième; après quoi, il eut une longue pose, puis trois autres coups plus marqués, qui correspondaient à l'âge de celui qui était mort, mon plus jeune,* déclara Mme Fox.

Enfin lorsqu'elle demande : *Est-ce un humain qui répond correctement à mes questions ?, il n'y a pas de réponse. Mais quand elle dit : Est-ce un esprit ?, Si c'est le cas, donnez deux coups !,* alors on lui répond par l'affirmative. D'autres communications suivirent presque quotidiennement. Une enquête de police permit de découvrir que l'esprit frappeur pouvait être celui d'un homme assassiné dans la maison, bien des années plus tôt. Puis la rumeur de ces "conversations" d'outre-tombe se répandit rapidement et bientôt la famille Fox fut exclue de l'Eglise méthodiste[3] dont elle était membre. Mais les Fox devinrent célèbres et les deux fillettes se transformèrent en médium organisant tournées

2. Ce terme est à associer à Poltergeist – cf. glossaire.
3. Secte protestante américaine.

sur tournées pour réaliser des démonstrations spirites. Elles furent en passe de créer une nouvelle religion, tant la ferveur du public fut grande. En 1854, Les Etats-Unis comptent au moins 10.000 médiums, et environ trois millions d'adeptes du spiritisme. Pendant ce temps les phénomènes psychiques se diversifient: des simples raps on passe à *l'écriture automatique*, à la *télépathie,* puis aux matérialisations ectoplasmiques, à la *télékinésie,...* (cf chapitre I et glossaire).

C'est ainsi que les prédications d'Allan Kardec et de celles de ses homologues anglo-saxons, attirent au spiritisme, de plus en plus de monde et particulièrement la sympathie des milieux scientifiques, mais aussi des écrivains et de nombreux philosophes. Peut-on s'étonner dés lors, que le secrétaire de la première société spirite d'Edimbourg (Ecosse) soit l'auteur du très fameux Dr. Jekyll and Mr.Hyde [4]? N'oublions pas non plus "Les tables Tournantes de Jersey", ensemble des Procès verbaux des séances de spiritisme tenues dans la propre maison de Victor Hugo, présentées et commentées par Gustave Simon (Librairie Louis Conard 1923). Par contre les Eglises, spécialement l'Eglise catholique, ne sont pas ravies du tout et condamnent le phénomène comme solution ou démarche spirituelle.

Enfin, peut-on oublier le cas du célèbre romancier écossais Sir Arthur Conan Doyle [5] (1859-1930) qui passa trente ans de sa vie à essayer de capter la voix des morts. Il y parvint finalement : ce fut cette Nouvelle Révélation, dont, les quinze dernières années de son existence terrestre, il se fit le missionnaire. Toute une part de son œuvre témoigne de cette expérience bouleversante, une part plus secrète, peut-être, mais ô combien fascinante. L'homme est exigeant. L'espoir ne lui suffit pas, il a besoin de certitudes.

Le culte des ancêtres, représenté par les esprits des morts, et la nécromancie, illustrent ces tentatives pour appeler ceux qui nous ont précédé dans l'au-delà et leur demander conseil et protection. Notons aussi que le christianisme parvenu au faîte de sa puissance, a souvent tenté de réduire ou d'occulter ces pratiques quand il n'a put carrément les interdire ou les absorber dans ses

4. Célèbre roman fantastique porté à l'écran une bonne dizaine de fois.
5. Père de Sherlock Holmes.

propres rituels. Mais il reste beaucoup de traces encore de nos jours : en dehors du cas de la Bretagne ou d'autres contrées celtiques, comme l'Irlande, l'exemple le plus saillant est celui de l'actuelle Amérique Latine où différents cultes des ancêtres, des anciennes religions indiennes, se fondent ou cohabitent avec les rituels du christianisme.

Le spiritisme a donc vécu sa grande période de gloire entre la seconde moitié du XIXe siècle et la fin de l'entre-deux guerres, pour s'estomper et se cantonner à partir des années trente aux seuls cercles privés et instituts de recherches parapsychologiques. Aujourd'hui l'engouement a disparu. Néanmoins il reste encore, par-ci par-là, quelques centaines ou peut-être quelques milliers d'amateurs. En France, une revue comme "Le Journal Spirite" qui est la revue du Cercle Spirite Allan Kardec de Nancy, perpétue sous une forme assez traditionnelle le lien entre les chercheurs et les adeptes dans ce domaine. Mais il existe aussi toutes les autres publications des organismes spécialisés dans les recherches métapsychiques et parapsychologiques, déjà signalés aux chapitres précédents[6]. Plusieurs raisons très diverses sont à l'origine de la baisse de popularité de cette "religion" et d'abord les condamnations successives par différentes instances religieuses mais aussi scientifiques. De plus, certains grands spiritualistes et symbolistes comme René Guénon ont également condamné le spiritisme. Ce dernier dans un ouvrage important mais assez méconnu, intitulé "*L'Erreur Spirite*"[7] stigmatise quelque peu cette "fausse libération" comme la démonstration d'une illusion et même d'une imposture... (à caractère démoniaque ?). Rien de moins ! Entrant dans certains détails sur la vie dans l'au-delà, René Guénon admet qu'après la mort corporelle subsiste un magma psychique individuel. On retrouve d'ailleurs cette idée dans l'ouvrage de Charles Lebrun[8] sur les résidus psychiques. Dans l'ordre psychique, il peut arriver exceptionnellement qu'un ensemble assez considérable d'éléments se conserve sans se dissocier et soit transféré tel quel à une autre individualité déclare Guénon. Il s'agirait là non d'une conscience corpo-

6. Voir la liste des principaux organismes à la fin de ce livre.
7. Editions Traditionnelles, Paris, 1977.
8. Quelle autre vie après la mort, Ed. Trajectoire, op. cit.

relle, mais d'une manifestation de forces ou flux psychiques de la dimension correspondante (ou éther selon l'ancienne terminologie). Guénon compare les propriétés de ce vestige qu'est le cadavre, à celle du Prêta hindou ou de l'Ob hébraïque. Et les résidus psychiques seraient capables de produire des manifestations sensibles susceptibles de faire croire à la réincarnation, par exemple. De plus les courants mentaux issus de la désintégration des morts permettraient de capter par télépathie et d'interpréter faussement certaines manifestations. Quoi qu'il en soit, René Guénon n'approuvait pas le spiritisme.

Par ailleurs, on pourrait avancer l'idée suivante sur les soi-disant manifestations des esprits, au cœur de la doctrine spirite : quand un "esprit" se manifeste, ne s'agit-il pas plutôt d'une émanation inconsciente et propre au psychisme des personnes présentes, participant à une séance de spiritisme ? La connaissance de certains détails intimes sur les participants ou familiaux totalement méconnus, et même impossible à connaître, révélés par les "esprits" lors des séances, plaide en faveur de cette hypothèse. Par contre elle n'explique pas l'apparition soudaine des "esprits frappeurs" qui sont indépendants des séances de tables tournantes. D'autres spécialistes pensent que les "esprits" ne sont autres que des créatures psychiques de mondes parallèles, qui ne cherchent qu'à égarer les humains en leur faisant prendre des vessies pour des lanternes. On appelle aussi ce type de créatures les démons ! Une théorie "scientifique" pourrait être que l'inconscient collectif (la mémoire cosmique à laquelle toutes les individualités sont reliées, avant et après la mort, ou Akasha selon les Hindous) libérerait des informations à l'occasion de ces "transes" énergétiques collectives que sont les séances de spiritisme.

Mais il n'y a pas que les méthodes spirites et l'invocation des morts pour communiquer avec l'au-delà. Comme on l'a vu à propos des apparitions et autres fantômes, depuis l'arrivée de moyens techniques et scientifiques à même de décoder toutes sortes de signaux sonores et de vibrations lumineuses, il est apparu cette nouvelle branche de la communication supposée avec le monde de l'après vie connue sous le mot de Transcommunication.

La TRANSCOMMUNICATION : quand les morts nous parlent !

Dans le chapitre I nous avons évoqué l'intérêt de quelques scientifiques comme Thomas Edison pour enregistrer les images ou les sons des fantômes et des trépassés. L'utilisation de ces procédés électro-acoustiques transforment de manière quasi radicale le problème de la communication avec les morts.

La transcommunication s'intéresse en fait à plusieurs types de manifestations :

- l'enregistrement de la voix des morts sur bandes magnétiques, (aspects sonores ou audios selon la terminologie moderne),

- la visualisation d'images et éventuellement l'enregistrement de celles-ci sur bande magnétoscopique. Dans ce cas le support visuel (ou medium de communication) n'est autre que le poste de télévision quand il affiche ce qu'on appelle de la "neige".

- les appels téléphoniques de personnes décédées,

- et enfin le chronoviseur et les images du passé.

De plus, dans beaucoup de tentatives récentes de communication avec des êtres chers, on trouve aussi des manifestations de l'écriture automatique déjà bien connue des milieux spirites. Ce qui nous incite à rajouter cette sorte de contacts à la liste ci-dessus. On est donc maintenant en présence de cinq moyens de communications avec les morts qui présentent un caractère quelque peu technologique. Explicitons un peu ces différents types de communications[9].

a) L'enregistrement des voix des morts :

Comme signalé au chapitre I, c'est à Frédéric Jürgenson que l'on doit en 1959, les premiers enregistrements de voix d'outre-tombe. Ce savant amateur, ancien technicien et producteur de films (né à Odessa sur la mer Noire en 1903) s'était fixé à Stockholm, en Suède, depuis 1943. Lors d'un enregistrement de cris d'oiseaux, quelle ne fut pas sa surprise d'entendre sur la

9. *Dans toute cette partie nous emprunterons à l'excellent livre du Père Brune "Les Morts nous parlent", cf. bibliographie.*

bande sonore une voix d'homme en norvégien lui parlant de cris d'oiseaux. Après de nombreuses vérifications techniques et d'autres sur la captation éventuelle d'émissions parasites, il dut se rendre à l'évidence, il s'agissait bien d'un message insolite. Troublé par cette expérience, il se lança dans de nombreux autres essais, plus ou moins concluants où s'entendaient au milieu de crépitement divers des bribes de phrases comme : écouter, maintenir le contact, écouter… . Mais enfin, rien de bien clair. Ce n'est qu'au bout de plusieurs mois, qu'un message assez significatif vint justifier l'intérêt de sa recherche : s'il te plaît, attendre, attendre, écoute-nous. Convaincu d'avoir mis l'oreille au bon endroit, il poursuivit ses recherches et crut bientôt reconnaître parmi les différentes voix, celle de sa propre mère, morte quarante ans auparavant. Toutes les hypothèses formulées par lui et d'autres personnes consultées, sur l'origine de ces messages, s'étant effondrées les unes après les autres, il dut accepter cette conclusion : il recevait bien, en direct, des messages de l'au-delà. C'est ainsi que naquit la transcommunication. Un élément très impressionnant de cette affaire est que "l'esprit", ou les "esprits" qui se manifestaient ainsi, le sachant polyglotte, mêlaient dans une même phrase, des mots de toutes les langues ! Après s'être entouré de collaborateurs divers, Jürgenson fit appel dés 1963, aux compétences du fameux Institut de Parapsychologie de l'Université de Fribourg-en-Brisgau [10] (Allemagne), qui put commencer à analyser les bandes magnétiques contenant les messages enregistrés. D'autres compétences universitaires et techniques se joignirent bientôt à ce chercheur, et toutes conclurent à l'origine paranormale des voix, avec une probabilité de 98 %. Ce fut en quelque sorte une reconnaissance scientifique du phénomène.

Quelques autres chercheurs se lancèrent dans l'aventure, certains y consacrant une partie de leur vie, comme Constantin Raudive (né en 1909 en Lettonie), établi à Upsal (Uppsala, Suède) depuis 1944. Selon le Père Brune, Raudive eut toujours le souci d'améliorer ses méthodes et de faire vérifier son travail.

10. Cet Institut fondé par le Pr. Hans Bender est très célèbre dans le monde de la parapsychologie européenne depuis les années soixante.

Il fut en relation avec le physicien suisse Alex Schneider, avec le théologien catholique Gebhard Frei, le prélat Pfleger, des techniciens de radio et de télévision Theodor Rudolph et Norbert Unger. Le livre qu'il publia en 1968[11] sur ces questions eut un certain succès.

Après lui, le père Léo Schmid, curé catholique d'Oeschgen en Suisse, animateur de publications et d'émissions radio sur les contacts avec les morts, ainsi que l'ingénieur autrichien Franz Seidl, firent de leur mieux pour développer l'intérêt du public dans cette voie. Franz Seidl, déjà primé au niveau scientifique, a même construit pour Raudive un appareil appelé *psychophone.* Les messages reçus par les uns et les autres s'avèrent malheureusement assez différents selon les voix. Certains messages sont même hostiles à l'auditeur. Il ne se dégage pas de tout cela une quelconque unité donnant des renseignements fiables sur la vie dans l'au-delà. Parfois, certains messages ont un caractère prémonitoire, pour la vie ou l'activité de quelques auditeurs; d'autres fois la réponse à certaines questions semble relever des "choses interdites" ! Depuis une trentaine d'années maintenant, les témoignages s'accumulent, à l'instar des observations d'Ovnis. Les militaires aussi ont leurs messages, parfois même très anciens. Les autorités vaticanes elle-mêmes ont fait procéder à des recherches dans le même sens. On utilise aussi le concours de médiums lorsque leur présence permet d'améliorer la qualité des enregistrements des voix d'outre-tombe. Malheureusement, cette pratique n'est pas du goût de tout le monde; la médiumnité étant souvent perçue comme de la supercherie. Bien que le phénomène se soit développé à travers le monde, le Père Brune s'interroge : comment expliquer qu'une telle découverte, bien plus fantastique que le débarquement de l'homme sur la Lune, n'ait encore aujourd'hui rencontré que si peu d'échos ? Le scepticisme qui règne dans ce domaine, n'est pas différent de celui qui touche le phénomène Ovni ou la parapsychologie en général, surtout quand le silence des pouvoirs publics (quel que soit le pays) vient renforcer cette situation. Il existe en fait des forces

11. *"L'inaudible devient audible", chez Otto Reichl Verlag, Remagen (a été traduit en anglais).*

dans le monde qui n'ont pas intérêt à ce que toutes ces découvertes prennent de l'ampleur et s'installent dans le quotidien de la vie des hommes. On a déjà vu ça à propos de Lakhovsky et de son oscillateur, ou au sujet du physicien Tesla [12]. Or malgré une hostilité instinctive de beaucoup de gens d'Eglise à ce sujet, la chaire créée en 1970 par le Vatican, a présenté au troisième Congrès International d'Imago Mundi, un exposé sur les voix de l'au-delà.

Mais il faut aussi reconnaître que le contenu des messages est en général assez décevant, ainsi que la technique elle-même assez pénible, puisqu'il faut re-dérouler chaque morceau de bande avant de passer à la question/réponse suivante; et ceci peut expliquer dans une large mesure le faible intérêt rencontré par cette technique aujourd'hui. Celle-ci semble pourtant avoir été améliorée par le Pr. Hans Otto König lorsqu'en 1984, il présenta dans un studio de Radio Luxembourg son "generator". L'appareil assez fiable, semble-t-il, amplifiait les voix par haut-parleur en même temps qu'elles s'enregistraient. On avait donc un véritable dialogue en direct. A chaque question posée, les réponses venaient, claires et audibles, après une courte attente. Le succès de cette émission fut considérable. Mais les réponses restaient désespérément brèves !

b) La visualisation des images :

Le second type de communications avec les morts porte sur leur image. On passe en mode visuel et plus seulement audio. Bientôt viendra l'audio-visuel, comme au cinéma ou à la télé !

Cette fois il ne s'agit plus de reconnaître ou d'enregistrer des sons rappelant des voix, mais de déceler des images sur une photo ou un tube cathodique. Dans son livre "Les morts ont donné signe de vie" [13], Jean Prieur raconte qu'une personne ayant pris en photo la tombe de sa chienne, à titre d'ultime souvenir, fut bien surprise en voyant apparaître l'image de l'animal au moment du développement.

12. Op. cit. en note de bas de page n°86.
13. Ed. Fayard, poche.

Comme Jürgenson pour le son, Klaus Schreiber fit à peu près même au début des années quatre-vingt pour les images.

H.O.König, inventeur du generator a beaucoup travaillé avec K.Schreiber et a présenté dans un congrès international en 1986 une série de diapositives réalisées à partir des travaux de ce dernier. On y voit, outre plusieurs défunts de sa famille, la photo de l'actrice Romy Schneider, ainsi que des enfants décédés que les mères présentes dans la salle, reconnurent sans peine. Les premières images de l'au-delà faisaient ainsi leur entrée dans le monde des vivants. D'autres expériences suivirent, toutes aussi bouleversantes. Un bulletin du Cercle d'Etudes sur la Transcommunication du Luxembourg publie même un protocole des conseils donnés par une des "entités" régulièrement contactée par un groupe de chercheurs luxembourgeois. Les images parviennent sur un écran de télévision et peuvent être reprises par une caméra video.

On a donc trois catégories d'images :

- celles apparaissant sur les pellicules photos,

- celles donnant la silhouette d'un défunt dans la neige d'un écran de télévision; c'est assez flou, mais parfois bien reconnaissable,

- celles enfin donnant une image complète représentant un paysage (onirique) dans lequel se trouvent une ou plusieurs personnes décédées. A propos de ces dernières il semble d'après quelques dialogues avec des trépassés qu'il y ait plusieurs niveaux d'existence dans l'au-delà ! Ces niveaux correspondraient aux périodes que les défunts sont amenés à suivre en fonction de leur degré d'évolution. Tiens, nous voici revenu aux idées du Bardo Thodol !

Il semble que dans le monde entier des petits groupes de recherche se soient organisés pour continuer et améliorer les travaux des Allemands et des Luxembourgeois. On se doit d'ailleurs de mentionner à ce propos les recherches effectuées par George

Meek aux Etats-Unis depuis plusieurs dizaines d'années dans le cadre notamment de sa Metascience Foundation. Il faut d'ailleurs remarquer que les Américains, initialement en retard dans ce domaine, progressent sensiblement aujourd'hui.

c) les appels téléphoniques d'outre-tombe :

Voici l'incroyable histoire arrivée à l'un de nos amis :

Un jour de 1987, un ami que nous appellerons par discrétion M. B. se trouvait en tournée commerciale dans la ville de Tours. Sa journée terminée, il rentrait le soir à son hôtel, situé près du centre ville. Alors qu'il s'apprêtait à se coucher pour reprendre son travail le lendemain, le téléphone sonna dans sa chambre et le réceptionniste de nuit lui indiqua que sa sœur souhaitait lui parler. Un frisson le parcourut, car malheureusement, sa sœur (il n'en avait qu'une) s'était suicidée chez elle à Paris quelques mois plus tôt. C'est alors qu'il entendit nettement au bout de la ligne une voie faible, identique à celle de la défunte. Croyant tout d'abord à une mauvaise plaisanterie d'une amie commune, il demanda qui était à l'appareil. Mais la voix qui faiblissait assez rapidement, n'eut que le temps de répondre “Au secours... je m'en vais”. Puis le silence se fit à l'autre bout du fil. On imagine facilement le désarroi dans le quel M. B. fut plongé toute cette nuit durant laquelle il ne put évidemment pas fermer l'œil. Le lendemain il quitta l'hôtel et repartit pour la capitale. Malgré l'enquête qu'il mena auprès des PTT (France Télécom n'existait pas encore), puis auprès des anciennes amies de sa sœur, rien ne put l'éclairer sur cette étrange histoire. Il se rendit même au cimetière où sa sœur était enterrée, pour s'assurer que la tombe était intacte. Il n'eut plus jamais d'autres appels.

On trouve dans les archives de spécialistes de la transcommunication de nombreux récits de ce genre. S'agit-il, comme pour les messages enregistrés sur des bandes magnétiques ou les images visualisées sur des téléviseurs, de tentatives de contacts des morts avec les vivants ? On est en droit de le supposer. Dans presque tous les cas on se retrouve devant le scénario suivant :

- votre téléphone sonne normalement. Vous décrochez, et soudain vous entendez à l'autre bout du fil, la voix d'une personne qui selon toute logique ne devrait pas se trouver là ! Son timbre est celui du ou de la défunte, mais la voix est souvent ou très faible ou (ce qui est plus rare) trop forte; elle répète une petite phrase, deux ou trois fois, puis la voix disparaît rapidement dans le lointain. Le choc peut être terrible comme le montre l'exemple suivant qui est loin d'être unique : c'est une mère qui pleurant sa fille depuis deux ans, décroche un jour le combiné pour entendre la voix de celle-ci au téléphone lui dire : "Maman, c'est moi; j'ai besoin de vingt dollars pour rentrer." La maman s'effondra à côté du téléphone sans connaissance. La personne décédée (curieusement il s'agit à 70 % de femmes) peut être morte depuis très peu de temps, comme depuis plusieurs mois ou voire plusieurs années. Statistiquement il s'agit plutôt de trépassés récents. Mais, voici un cas intéressant, pour ses "aspects topographiques" rapporté par le Père Brune : Une actrice, Ida Lupino, vivant à Los Angeles pendant la Seconde Guerre mondiale, reçut un coup de téléphone de son père, mort six mois auparavant. La maison familiale, à Londres, venait d'être détruite par une bombe, et la famille se trouvait dans une situation très difficile, faute des titres de propriété concernant cette maison. Son père lui révéla de façon très précise l'endroit de la cave où il avait caché ces documents. Ces renseignements communiqués à Londres, on trouva facilement les papiers et tout rentra dans l'ordre. Une amie de cette actrice, Mrs Pendleton, fut témoin du coup de téléphone et se porta garante de l'authenticité du récit.

d) Le chronoviseur :

A tout ce qui vient d'être dit, il faut rajouter l'invention du "chronoviseur", c'est-à-dire un appareil capable de capter les images du passé. Si cette invention est authentique comme le laisse entendre Robert Charroux [14], Le Père Brune et d'autres auteurs, on est là, peut-être encore plus que pour le psychophone ou le generator, en présence d'un dispositif révolutionnaire qui fera certainement date dans l'histoire du paranormal et dans l'histoire des sciences ! C'est le Père Ernetti (du Vatican), spécialisé dans les musiques anciennes et archaïques, qui avec l'aide du Père Gemelli (Université Catholique de Milan -qui avait déjà obtenu des voix de l'au-delà dès 1952) réussit à construire une machine à remonter le temps. Entourés d'une équipe de scientifiques et de techniciens de haut niveau, les deux ecclésiastiques élaborèrent lentement et dans le plus grand secret un nouvel appareil capable de retrouver des images d'un passé lointain. Inutile de souligner l'importance d'un tel engin pour la communauté scientifique internationale. D'après les renseignements obtenus, l'invention serait basée sur l'existence d'informations vibratoires contenues non seulement dans les objets eux-mêmes, mais aussi dans une sorte de "mémoire globale", susceptible d'être captée, décodée et transformée en sons et images, d'une saisissante réalité.

Mais cet appareil serait également capable de détecter des événements d'un très proche passé et permettre ainsi de connaître les plans d'une attaque ennemie par exemple. On saisit immédiatement les formidables implications militaires, commerciales ou politiques d'une telle invention ! Dès lors, on comprend mieux les fortes réticences des inventeurs à fournir de plus amples informations sur leur bébé. D'autres détails incroyables peuvent être obtenus à partir de l'ouvrage du Père Brune mentionné en référence.

e) L'écriture automatique :

Dernier point sur ces questions de transcommunication : l'écriture automatique. En fait, il s'agit là d'un phénomène connu depuis très longtemps. Les spirites s'y sont longtemps attardé, mais on ne sait toujours pas comment s'opère exactement le lien

14. *Auteur à succès des années soixante/soixante-dix sur tous les sujets "maudits" de la science officielle, dans le prolongement du "Matin des Magiciens" de Pauwels et Bergier.*

entre le défunt et le vivant. Si au départ, les spirites opéraient à partir de médiums pour obtenir des informations écrites sur l'au-delà, il apparut très vite que tout un chacun pouvait recevoir à son tour une "communication" avec un être cher disparu. La personne qui se met en relation avec le défunt entre alors dans une sorte de "petite transe" et se met à écrire sur une feuille de papier, "sous la dictée" du trépassé, une suite de mots ou de phrases de manière quasi mécanique. C'est elle qui joue le rôle de médium, et ça marche ! En général l'écriture est désordonnée, compliquée, parfois illisible. Mais dans presque tous les cas il est possible de la déchiffrer. Le contenu des messages varie entre des "instructions" sur la voie à suivre par "l'opérateur" et des réponses à des questions précises, comme "quel est le nom de mon père décédé ?". Le vivant contacté agit comme s'il était sous hypnose, sans pouvoir intervenir véritablement.

Le Pr. W. Barrett de l'Univeristé de Dublin écrivait dans un numéro de novembre 1911 des Annales des Sciences Psychiques : "Sans doute, pour notre part, nous croyons qu'il y a quelque intelligence active à l'œuvre derrière l'automatisme (écriture mécanique, transe et incor-poration) et en dehors de celui-ci une intelligence plus probablement de la personne décédée qu'elle affirme être, que tout autre chose que nous pouvons imaginer. Il est malaisé de trouver une autre solution au problème de ces messages et de ces "correspondances" croisées, sans imaginer une tentative de coopération intelligente entre certains esprits désincarnés et les nôtres."

On trouvera dans les annales et archives spirites des milliers de témoignages de la sorte, qu'il n'y a pas lieu de détailler ici.

Enfin, reste une question sur les "communications" avec l'au-delà. Peut-on aller plus loin que la seule communication avec les morts ? Y a-t-il d'autres entités ou d'autres créatures avec lesquelles on puisse espérer communiquer ? A l'instar des chamans du monde entier, les Européens ou les Américains du XXIe siècle, peuvent-ils entrer en relation avec d'autre habitants de l'au-delà que les trépassés ? La réponse à cette question est évidente pour les religieux (dialogues avec les anges) ou pour certains sorciers (contacts avec les démons). Voici, au plan laïque, un témoignage de Maguy LeBrun [15] dans le cadre d'une interview donnée par elle à un journal à sensation, sous le titre". Cette femme affirme : *Dieu m'a donné des pouvoirs... pour aider ceux qui souffrent.* Passons tout de suite à la conclusion de cette interview où Maguy Lebrun déclare : *Le plus troublant : le Seigneur communique avec moi à travers le corps de mon mari !* Elle explique d'abord comment tout est arrivé : *Un soir de mai 1955, un événement fabuleux s'est produit,* déclare-t-elle. *Alors que Daniel, mon mari, venait de s'endormir à mon côté, il s'est soudain adressé à moi, dans son sommeil, avec une voix de femme ! "N'aie pas peur, m'a confié cette voix, ton mari est un médium, il "prête" son corps mais ce n'est pas lui qui parle. Je suis un ange gardien, un guide spirituel qui a choisi ce moyen pour communiquer avec toi".* Puis la voix a ajouté : t*u seras une guérisseuse spirituelle, tu guériras des corps pour des âmes à Dieu. Prie et fais prier tes malades en n'oubliant jamais ces deux règles essentielles : ce n'est pas toi qui guéris, mais Dieu qui le fait à travers toi. Tu n'es qu'un canal, un instrument. Et surtout, tu ne dois pas profiter de tes pouvoirs pour t'enrichir.* Or le lendemain Daniel, son mari ne se souvenait plus de rien !

Incroyable assurément, car la voilà prise au piège de la sincérité et de l'honnêteté. Nul d'ailleurs, lorsqu'il s'agit d'influence sur les autres n'est à l'abri d'une telle tentation.

Sommes-nous dans un nouveau cas de "channeling" ? Cette pratique fut assez courante dans les groupes spiritualistes et des médiums des années soixante à quatre-vingt à tel point que le mot channeling est devenu un mot du vocabulaire courant. Certains comparent ce phénomène à la transe spirite ou à certains éléments de la transcommunication. Etre l'interface, le lien ou l'intermédiaire de communication avec les forces de l'au-delà n'est-il particulièrement grisant ou valorisant ? En fait, autant les chamans que les médiums ne font rien d'autre depuis la nuit des temps !

Sans être aptes à faire du channeling, nombreux sont ceux qui

15. Réputée pour sa participation à des "groupes de prière" débouchant sur des guérisons, dans un cadre catholique ; cf. bibliographie.

souhaitent ou souhaiteraient effectivement entrer en communication directe avec leurs morts ou d'autres entités du cosmos interdimentionnel. Mais est-ce bien raisonnable ?

Qu'il s'agisse d'utiliser des procédés "scientifiques" ou magiques pour communiquer avec les désincarnés, ou d'autres êtres vivants dans les sphères célestes, ou qu'il s'agisse simplement de perpétuer le culte des ancêtres, la légitimité de ces actions est souvent posée. Ne vaut-il pas mieux s'intéresser aux vivants ? Jésus après sa résurrection dans le Christ n'a-t-il pas exhorté Marie-Madeleine à s'intéresser aux vivants plutôt qu'à le rechercher parmi les morts ? Bien sûr, mais il s'agissait alors du Ressuscité ! L'enthousiasme de nombreux chercheurs concernant les domaines du spiritisme, de la transcommunication ou encore du channeling, est certes louable en première instance, au regard du progrès humain. Pourtant il n'est pas inutile de garder une certaine distance vis à vis de ces sujets délicats, et les chercheurs ne devraient pas se départire d'une certaine prudence.

Plus près de nous, *Monsieur Philippe*, connu comme le Maître Philippe de Lyon, ou encore le Mystique Lyonnais [16] terminait un jour une de ses causeries par les propos suivants qui constitueront notre conclusion à ce chapitre : *Ne vivez pas avec les morts; ne parlez pas toujours des morts, car ce sont des absents qui ne peuvent pas se défendre. Ne rappelez jamais ce qu'un mort a pu dire ou faire de mal, vous le mettriez à la torture en mettant dans la lumière ce qui a été mis dans les ténèbres. Voilà pourquoi les écritures vous disent de laisser les morts tranquilles. (...) Vous travaillez plus pour le Ciel en vous corrigeant de vos défauts qu'en priant pour les morts. Les vivants ont besoin de plus de prières que les morts.*

16. Guérisseur fameux et grand sage et mystique lyonnais (1849-1905).

CHAPITRE VI

Retour sur la réincarnation, la vie éternelle, la perception de l'aura, le corps éthérique, l'effet Kirlian et d'autres questions sur l'au-delà

"L'univers n'est pas seulement plus étrange
que nous ne l'imaginons,
mais plus étrange que nous ne pouvons l'imaginer."
(J.B.S.Haldan)

"Il y a plus de choses dans le Ciel et sur la Terre
que ton imagination ne pourra jamais en concevoir".
(Shakespeare)

L'Univers est multidimensionnel

L'univers dans son immensité est multidimensionnel, comme dirait le physicien[1] ou le mathématicien. Dans ce même ordre d'idée, on peut supposer qu'il existe non pas UN mais PLUSIEURS AU-DELA. Au plan strictement matériel, les savants tentent de décrire non seulement les structures de l'univers (visibles ou non, les systèmes moléculaires, les ondes électromagnétiques et gravitationnelles, ainsi que les champs de forces intranu-

1. *Physiciens et mathématiciens spécialisés dans la cosmologie connaissent la complexité de l'univers matériel, au-delà duquel se situe l'univers spirituel.*

cléaires [2] restent invisibles) mais également l'évolution de celles-ci et de leurs propriétés. L'homme ordinaire quant à lui a du mal à conceptualiser certaines réalités du monde physique. La REALITE du monde de l'au-delà, comme celle monde du visible, n'est pas plus représentable par une ligne droite ou une surface plane que par une courbe exponentielle, logarithmique ou une surface elliptique. Une première image "réaliste" de la structure de l'univers est fournie par la fameuse représentation de l'ADN, en volume hélicoïdal, et mieux encore, par une combinaison de celle-ci avec les courbes et surfaces *fractales* [3] à la mode depuis une dizaine d'années en raison de leurs applications aux images de synthèse, à la génétique ainsi qu'à la nouvelle astronomie interstellaire. L'homme de ce début de XXIe siècle se rend compte à quel point les mécanismes de la matière sont infiniment plus complexes et plus subtils qu'il n'y paraissait il y a encore quelques années seulement. Et que loin d'avoir tout compris (comme beaucoup le croyait au XIXe), il reste encore plus à découvrir, à comprendre et à expliquer que jamais. Mais cet univers matériel, déjà si vaste et si raffiné en lui-même, n'est cependant qu'une partie des expressions existentielles de la réalité spirituelle. Il n'en est en effet que la manifestation la plus basse, la plus dense, la plus brute, celle des quatre dimensions spatio-temporelles, et rien de plus ! Car il existe aussi une autre manifestation, celle de l'Esprit incarné de la cinquième à la onzième dimension de l'univers, expliquée depuis quelque temps par la "théorie mathématique des cordes [4]", et qui reste hors de portée de l'entendement humain ordinaire. C'est cette réalité existentielle, dont une partie seulement nous est accessible par les cinq sens (symbolisée par l'étoile à cinq branches chère aux Compagnons et aux Francs-maçons). Une autre réalité, englobant la première nous est accessible par notre sixième sens, que la psychologie nomme faute de mieux l'INTUITION. Une autre encore l'est par notre intellect, autrement dit la structure de notre mental comme disent les hindous. Cette réalité là, abstraite et

2. *Les particules du noyau atomique (protons et neutrons) sont agglomérées entre elles grâce à des forces spéciales, encore mal connues.*
3. *Théorie mathématique du "chaos", cf. glossaire.*
4. *Récente théorie unitaire de l'univers physique, utilisant un outil mathématique complexe.*

au-delà de nos sens, fait l'objet d'une représentation rationnelle utilisant les outils scientifiques évoqués ci-dessus. Mais aucune de ces réalités n'est indépendante des autres ! Vouloir appréhender l'univers manifesté dans son entier, c'est donc réunir ces différentes approches de l'univers. Or, l'essence même de l'univers nous reste à jamais inaccessible, car il est Dieu, et seul celui-ci par sa grâce, et seulement par elle, peut nous offrir de contempler Sa Face, c'est à dire Sa Clarté ! Lorsque certains parlent de l'ange ou du dialogue avec l'ange, il faut comprendre par là que chaque être humain quelles que soient ses origines, dispose d'une source existentielle, qui est en quelque sorte le gardien et le guide de son âme individuelle "à l'image de Dieu". C'est à la fois une réalité spirituelle et une vertu énergétique qui sera redécouverte par la science dans quelques décennies; c'est de ce principe universel qu'est né l'archétype humain symbolisé dans la Bible par ADAM. Quand nous disons universel nous entendons cosmique, c'est à dire également partagé par les autres créatures intelligentes de cette portion de l'univers habité, en l'occurrence notre galaxie, la Voie Lactée. Depuis cinquante à soixante ans environ, le monde de la science occidentale est à la recherche d'une théorie unitaire de la physique. Une théorie qui expliquerait à elle seule les différentes forces de l'univers matériel. Plusieurs tentatives infructueuses (l'une des dernières en date est cette fameuse théorie des cordes) ont vu le jour dans ce sens. Malheureusement, dans cette affaire, tout le monde a oublié le *psychisme universel* dont Theillard de Chardin a eu la grande intuition et, qui peut aussi être modélisé comme une force fondamentale de la nature faisant justement le lien avec les autres. Il faudrait construire un modèle mathématique, ou plutôt un système de modèles, introduisant une variable nouvelle dont la nature serait différente des forces actuellement connues de la matière. Les relations entre cette variable et celles déjà utilisées, permettraient alors d'aller plus loin. Les limites actuelles des sciences physiques et biologiques ne seront dépassées que lorsqu'on admettra la réalité de cette autre force qu'est la force psychique, puis de celle qui sous-tend cette dernière : la force spirituelle fondamentale. Mais ceci est une autre histoire.

Explorer l'au-delà c'est aussi apporter de nouveaux moyens pour passer ce cap ! car le monde de l'au-delà ne peut s'appréhender sur le plan scientifique que si on réalise un saut qualitatif dans l'analyse globale, et non simplement une avancée quantitative. L'expérimentation est certes irremplaçable, mais très insuffisante. Il faut donc obligatoirement une théorisation plus forte. Or les outils actuellement disponibles dans l'arsenal scientifique sont théoriquement suffisants, à condition de vouloir passer à la vitesse supérieure, et de ne pas avoir peur d'abandonner quelques préjugés matérialistes franchement dépassés !

Retour sur la vie éternelle et la réincarnation

Dans un livre déjà ancien, mais réédité de nombreuses fois[5], le Docteur Gérard Encausse (dit Papus – 1865-1916- fondateur du Martinisme moderne), présente l'évolution physique, astrale et spirituelle de l'homme. Ce génie des sciences "maudites" - c'est ainsi qu'on appelle encore aujourd'hui, la plupart des disciplines qui font l'objet du présent livre, surnommé par certains le "Balzac de l'occultisme", fait une synthèse du système de la réincarnation. Car de son point de vue il s'agit plus que d'une simple théorie, de tout un système universel. Or il semblerait qu'avec les moyens mathématiques évoqués ci-dessus, on puisse mieux comprendre ce système. Il faut admettre bien entendu que la réalité est multidimensionnelle et que les cycles de vie correspondent à des cycles de la mécanique universelle[5] (différent de la mécanique céleste). Ce postulat est indispensable à la cohérence de ce point de vue. Dans l'optique de Papus, cette réincarnation (retour du principe spirituel dans une nouvelle enveloppe charnelle), permet d'étendre cette notion à celle de la transmigration des âmes. Autrement dit, il n'y a pas de différence de principe entre ces deux concepts, seulement une différence d'orientation. Certaines âmes reviennent sur terre, d'autres s'en

5. *La Réincarnation" Ed. Dangles – 1983.*
6. *Le terme de mécanique céleste s'applique à la description mathématique des lois de la mécanique céleste au sens strict. C'est une partie de l'astronomie.*

vont sur les planètes d'autres systèmes solaires. On retrouve ici quelques-unes des idées soutenues par Camille Flammarion dans son exposé de "*La pluralité des Mondes habités*" ! Les raisons de ces divergences resteront peut-être à jamais inconnues. Avant de se réincarner, l'âme individuelle de l'homme passe par une phase d'oubli de ses existences antérieures ; c'est la dissolution de la goutte d'eau dans le grand bassin. Mais la mémoire de son expérience existentielle a été conservée quelque part dans Akasha. Et ce sont ces informations qui permettent à certaines personnes, soit spontanément, soit au cours d'une régression[7], de "revivre" ou de visualiser une vie antérieure.

Dans son livre Papus présente une description assez concrète des aspects "techniques" de la mort et du retour sur terre à la lumière des données connues (à son époque) sur le monde astral. C'est également pour ce grand occultiste l'occasion de rappeler un extrait des enseignements égyptiens datant d'environ 3000 ans av.J.-C., dont voici le texte :

Avant de naître, l'enfant a vécu, et la mort ne termine rien. La vie est un devenir, Khépraou, elle passe semblable au jour solaire qui recommence.

L'Homme se compose d'intelligence, Khou, et de matière, Khat.

L'intelligence est lumineuse et elle se revêt pour habiter le corps d'une substance qui est l'âme : Ba.(...)

La vie est un souffle : Niwou. Lorsque le souffle se retire en Ba, l'homme meurt. Cette première mort se manifeste matériellement, par la coagulation des liquides, la vacuité des veines et des artères, la dissolution de la matière composant le corps.

Par l'embaumement, toutes les matières sont conservées, y compris le sang, que Ba reviendra vivifier après le jugement d'Osiris. Le souffle est au service de l'âme. Extrait de "Les Egyptiens 3000 avant J.-C.", de Marius Fontanes.

Papus indique ici les différentes phases et types de réincarnations qui peuvent se produire en fonction de situations astrologiques et du Karma des individus. Les lecteurs intéressés par ces

7. *Voir à ce sujet les expériences réalisées par Patrick Drouot, op. cit.*

questions trouveront dans cet ouvrage une mine de renseignements utiles et originaux.

A une époque où la science exotérique fait de grands progrès dans l'étude des mécanismes intimes de la matière, que ce soit sous son aspect ondulatoire (vibratoire) ou sous son aspect corpusculaire, que ce soit au niveau chimique, ionique, électronique ou plus profondément au niveau nucléaire (compositions et interactions entre particules du noyau, à la source des bombes de l'armement nucléaire), il est intéressant de parler d'une thèse ésotérique sur la décomposition / recomposition des corps qui pourrait éclairer les processus de réincarnation. On a parlé au chapitre précédent, des "résidus psychiques" (avec René Guénon); voici les "résidus physiques". Après la mort physiologique, le corps perd peu à peu ses composants. Les diverses transformations qui affectent le cadavre ne se font pas n'importe comment. Certains pensent qu'il existe une géométrie de la décomposition permettant aux atomes issus des cellules en décomposition de "transiter" de manière imperceptible vers d'autres horizons ! Autrement dit, il resterait quelque part une mémoire cellulaire désagrégée, mais disponible et structurée, susceptible de participer ultérieurement à la reconstitution des corps. Cette idée rappelle un peu celle de la mémoire de l'eau du Dr Benveniste [8] et prend tout son sens lorsqu'on pense aux méthodes de l'informatique sur le traitement de l'information : l'architecture d'une structure ne se confond pas avec la matière de cette structure ! Il s'agit là de deux banques de données distinctes qui peuvent être réutilisées de manière indépendante. Y a-t-il dans la décomposition des cadavres quelque chose de similaire ? En rassemblant les éléments épars des résidus psychiques d'une part et physique d'autre part, on conçoit qu'il soit possible de reconstituer des corps physiques ainsi que leur interface électromagnétique qu'est le corps éthérique. Reste l'âme proprement dite. D'où l'importance de ne pas procéder à la crémation des corps. Pourtant, et fort curieusement, les anciens grimoires alchimiques et magiques utilisés en nécromancie, semblent invalider

8. Voir le n°1 de la revue trimestrielle "Effervescenciences", 51, route d'Espagne – 31000 Toulouse.

l'utilité d'une telle précaution : *Les Sels des animaux se peuvent préparer et conserver de telle façon qu'un homme ingénieux puisse posséder toute une Arche de Noé dans son cabinet, et faire surgir, à son gré, la belle forme d'un animal à partir de ses cendres; et par une telle méthode, appliquée aux Sels essentiels de l'humaine poussière, un Philosophe peut, sans nulle nécromancie criminelle, susciter la Forme d'un de ses ancêtres défunts à partir de la poussière en quoi son corps a été incinéré,* selon Borrelus.

Mais une question se pose : est-ce d'une réincarnation ou d'une résurrection dont nous sommes en train de parler ? Avant d'aller plus loin indiquons comment les tibétains interprètent la question de résidus psychiques. S'il existe un hyper-espace dans lequel les "résidus psychiques" se conservent, alors on pourrait peut-être rendre compte de la tradition tibétaine des Tulkus, ces personnalités de la hiérarchie monastique qui sont censées se réincarner dans un enfant qu'il s'agit d'identifier et de reconnaître. La presse et le cinéma se sont intéressés il y a quelques années à cette coutume lamaïque, qui consiste à rechercher un enfant ayant les mêmes goûts, capacités et caractéristiques que le Lama récemment décédé, dont il serait la réincarnation. Pour cela, le Lama procède avant sa mort à une conservation de ses "vêtements psychiques" (on dit "rouler ses vêtements psychiques") en faveur d'un être futur qualifié pour accomplir la même fonction... Il semble que la sorcellerie tibétaine et chamanique utilise de tels procédés pour animer des cadavres psychiques non encore dissous. On pense bien sûr aux sorciers Vaudou et à la création de zombis. L'important dans cette affaire est que l'on assiste là, à des manipulations concernant non pas le corps physique, mais ce qui pourrait être interprété comme le corps éthérique ou une enveloppe énergétique équivalente. Or d'une certaine façon, c'est bien reposer la question : quel est le support immatériel qui sert de véhicule au spirituel en cas de réincarnation, ou de la résurrection dans l'autre cas.

On se souvient de la déclaration faite par saint Paul dans sa première Epître aux Corinthiens[9]. Le corps terrestre étant la semence

9. *Cf. chapitre V.*

qui doit pourrir pour donner naissance au corps céleste, c'est ce dernier qui sera le corps glorieux, ou le corps de la résurrection. Ce corps est le corps de lumière, désigné par les Orientaux comme le corps Causal. Dans la hiérarchie des corps subtils de l'homme ce corps-ci est encore au-delà du corps astral. Pour se faire une idée de l'ensemble il faut aller chercher dans les descriptions occultes de l'ésotérisme indien ou bouddhique. Les théosophes ont donné plusieurs présentations et commentaires, très détaillés parfois sur cet ensemble de la physiologie et de l'anatomie occulte de l'homme. Mais peu se sont rendus compte de la non-contradiction qu'il y a entre une bonne compréhension de la théorie de la réincarnation et de celle de la résurrection. Les deux ne sont contradictoires qu'en apparence ! Cette affirmation théologique et philosophique peut s'illustrer ainsi.

Après chaque mort, le corps physique se dissout et ses éléments se dispersent mais il reste quelque part une mémoire de la structure initiale dans Akasha. Le corps éthérique pour sa part se dissout définitivement car il n'a qu'une importance secondaire. Le corps astral s'envole vers sa destinée et la pesée de l'âme (le cœur chez les Egyptiens), qu'il doit subir absolument, en fonction de quoi, il renaîtra sur terre ou ailleurs. Sa conscience évolue à travers plusieurs filtres et les renaissances ne sont que temporaires. L'éternité ne se situe pas encore ici ! Mais la fatalité karmique n'est pas absolue. D'abord par ce que toute personne humaine peut dés aujourd'hui briser le cycles des renaissance destinées à l'élargissement de la conscience : exemple les saints. Ensuite parce que la destinée de chacun peut aussi conduire à accélérer le processus en fonction de chaque pesée. Lorsque se produira le Jugement Dernier (en fait il se produit régulièrement, mais nous ne le savons pas !) les âmes seront enfin libérées dans le Corps Glorieux de la résurrection, qui est l'aboutissement final d'une suite d'existences, et non pas une issue immédiate à la porte de la mort comme le pense la majorité des catholiques !

La REINCARNATION et la RESSURECTION ne s'opposent pas, elles se complètent.

Ces questions, somme toute très théologiques, doivent maintenant laisser le pas à des préoccupations plus concrètes, car l'au-delà c'est aussi les Ovnis, les rêves et la radiesthésie, sans parler de domaines tels que l'astrologie ou la magie.

Nous avons volontairement laissé de côté ces différentes disciplines. Ici aussi, il existe une énorme littérature sur ces sujets. Pour chacun d'entre eux, un gros tome n'y suffirait pas, car en fait ce sont des centaines, voire des milliers de volumes qu'il faudrait référencer.

Les phénomènes oniriques :

Avant de revenir à la physiologie occulte de l'homme et aux différents mécanismes neuro-psychiques qui la caractérisent, il semble intéressant d'apporter quelques précisions sur les phénomènes oniriques (les rêves) qui en sont aussi un des aspects.

Sur les rêves : nous avons déjà évoqué cette question à propos du voyage dans l'astral. Malheureusement notre certitude (notre hypothèse pour faire plaisir aux sceptiques) est loin d'être partagée par tous. S'intéresser au rêve, c'est aussi s'intéresser à l'inconscient, et à des manifestations cérébrales et neuro-physiologiques complexes. C'est aussi s'intéresser à des problèmes touchant la divination involontaire (les rêves prémonitoires, et ils sont plus fréquents qu'on ne l'imagine !). C'est encore s'intéresser à la mémoire..., la mémoire du passé... mais assez paradoxalement celle du futur ! S'intéresser aux rêves, c'est donc, sans le savoir, se lancer dans une exploration temporelle; autrement dit le voyage dans le temps ! Dans un ouvrage exceptionnel, mais totalement méconnu, un ingénieur en aéronautique, d'origine irlandaise, *John W.O. Dunne* (né en 1875) rédigea plusieurs ouvrages sur les relations qui peuvent exister entre le temps et le rêve, dont le dernier - "*Le temps et le Rêve*" - fut traduit en français et publié aux éditions du Seuil en 1948. Le lecteur courageux et patient trouvera certainement un immense intérêt à se procurer ce livre et à tenter d'appliquer la méthode prédictive qui y est décrite !... Mais attention, il faut s'armer de patience. En ce qui concerne les publications sur les rêves on peut relever trois tendances principales dans ce domaine :

- les ouvrages grand public expliquant l'interprétation des rêves (le Catalogue de la Librairie de l'Inconnu de mars 2003 en est un bon exemple – page 315)

- les études, rapports de laboratoire, essais divers (psycho-physiologiques) rédigés par des chercheurs et des spécialistes des rêves, décrivant et analysant leurs expériences sur le rêve et le sommeil chez l'homme et l'animal. Il n'existe pas de catalogue exhaustif en la matière.

- Enfin les livres portants sur des réflexions générales ou particulières à caractère philosophique. On y trouve de tout !

Etant exclu de donner ici des références livresques précises sur ce sujet, contentons-nous de signaler à l'attention du lecteur le fait que les différentes revues de vulgarisation scientifiques comme *Science & Vie*, *Science et Avenir*, *La Recherche* ou *Pour La Science*, publient assez régulièrement tous les deux ou trois ans un n° Hors Série consacré aux rêves qui intéresse particulièrement le public. A titre d'exemple, on peut citer le hors série de *Science et Avenir* du mois de décembre 1996.

Dans un domaine cliniquement proche mais théoriquement assez éloigné puisque la relation scientifique entre les deux n'est pas officiellement reconnue, on est forcé de revenir au domaine des expériences de sortie du corps (OBE); puis, par extension à d'autres volets des expériences dites mystiques avec L'holotropie du Pr. Stanislav Grof.

Si l'OBE est maintenant associé au corps astral, le corps éthérique pour sa part doit correspondre à la manifestation de l'aura dont une visualisation photographique est confirmée par l'effet Kirlian[10]. Il s'agit d'un procédé électro-photographique donnant la preuve qu'un halo d'énergie entoure tout ce qui vit et respire sur terre. Sur les clichés, apparaissent autour des objets

10. Voir "L'effet Kirlian" de S. Krippner et D. Rubin aux Ed. Sand, 1985.

(vivants ou inanimés), de merveilleuses décharges lumineuses en forme d'aigrettes. Or pour spectaculaire qu'elle soit, la photographie Kirlian n'en a pas moins des applications pratiques sans nombre. Le doigt d'un malade, par exemple, est moins brillant que celui d'une personne en bonne santé. La décharge coronarienne d'une feuille (de plante ou d'arbre) déchirée indique la place du morceau enlevé. Et l'énergie-fantôme d'un corps récemment décédé ne disparaît pas tout de suite après la mort ! On est donc en présence d'une révélation matérielle du corps éthérique et de son origine électromagnétique.

Electro-Nirvana

En novembre 2002, la revue Science et Avenir titrait dans une chronique de la page 54 de ce numéro : "Electro-nirvana... Décorporation, transe, extase... L'étonnante découverte d'un neuro-chirurgien suisse pourrait permettre de comprendre ces phénomènes.". Reprenons quelques passages de l'article : "Se sentir quitter son propre corps et le voir d'en haut est une expérience souvent relatée par des personnes ayant connu une EMI (Expérience de mort imminente = NDE). (...) la plupart des spécialistes estiment aujourd'hui qu'elle résulte d'une altération du fonctionnement normal du cortex cérébral, probablement dans la région inféro-pariétale (...) Mais jusqu'à présent, malgré le grand nombre d'explorations fonctionnelles menées directement dans le cerveau humain depuis les années 1950, personne ne savait avec précision quelles régions du cerveau étaient directement impliquées dans ce phénomène. (...). Olaf Blanke, neurochirurgien à l'Hôpital universitaire de Genève, vient toutefois de faire une étonnante découverte (...); lors d'une opération à crâne ouvert sur une jeune patiente souffrant de crises d'épilepsies (...) on a procédé à de légères électrosimulations du cortex. La jeune femme, qui n'était pas endormie devait décrire ce qu'elle ressentait quand l'électrode entrait en contact avec son cerveau.". La réponse de la jeune femme ne se fit pas attendre. Elle déclara qu'elle se sentait flotter au-dessus de son corps, qu'elle avait l'impression d'avoir abandonné. D'autres sensations de délocalisation de ses membres se firent sentir. Or le praticien avait touché le gyrus angulaire droit (dans le cortex pariétal de l'hémisphère droit) qui gère l'image mentale du corps avec les réajustements imposés par les sens.

Cette découverte montre plus que jamais que le cerveau dispose de zones ou de centres dont la perturbation peut affecter les représentations mentales que l'on a des choses. Elle montre aussi toute la relativité de notre perception du monde, comme nous l'avons souligné tout au long des pages de ce livre. C'est bien d'ailleurs le sens de la recherche dont nous allons parler, maintenant.

Le Pr Stanislav Grof (cf bibliographie) dans un gros livre de 450 pages composé de neuf chapitres illustrés d'étranges peintures ou dessins, chamaniques pour la majorité, apporte une vision "réaliste" autant que symbolique de ses expériences holotropiques. Holotropique : tel est le mot forgé par l'auteur[11] pour désigner certains états modifiés de conscience. Ces états, qui recouvrent les transes chamaniques, divers états induits par la pratique intense de la méditation (comme celle des adeptes du yoga), certaines crises ou vertiges mystiques, et une multitude d'expériences psychédéliques, touchent à des domaines connus depuis la nuit des temps, mais peu ou mal explorés[12]. Ce n'est ni plus, ni moins qu'une exploration aux confins de la conscience humaine (en partie par le biais de l'utilisation de substances psychotropes et hallucinogènes) à laquelle se livre Stanislav Grof dans ce nouvel ouvrage. En fait, l'auteur nous fait partager ici les résultats de quarante années de recherche avec une forme et une présentation accessibles et méthodiques, ce qui est loin d'être

11. *Déjà mondialement connu pour ses livres "Les Nouvelles Dimensions de la conscience" et "Jeu Cosmique", il a également co-écrit avec Patrick Baudin l'ouvrage en français sur "La Respiration Holotropique" (Editions du Souffle d'Or – 1995).*

12. *A noter cependant que de nombreux universitaires américains des années soixante ont déjà commencé cette exploration et que l'Université de Parapsychologie de Madras (Inde) détient toujours le record d'études et d'expériences réelles et vécues avec le concours de fakirs et de yogis authentiques.*

négligeable pour les lecteurs néophytes ou peu spécialisés que nous sommes pour la majorité d'entre nous. Grof considère que les concepts et théories qui sous-tendent depuis un siècle la psychologie (en particulier des profondeurs) et la psychiatrie, nécessitent une remise en question radicale, et nous partageons entièrement cet avis ! Pour rendre compte des phénomènes observés dans le cadre des états holotropiques (ou états modifiés de conscience), Grof suggère d'élargir de manière significative notre interprétation et notre manière d'appréhender la psyché humaine. Ce qui revient à dire qu'il faut inventer une nouvelle "cartographie" de la conscience en y incluant des niveaux et des degrés que le rationalisme scientifique a trop longtemps exclus. Un de ces niveaux est celui du domaine périnatal (concernant le traumatisme de naissance !), mais il y a aussi les niveaux transpersonnels relatifs à la mémoire ancestrale, à la mémoire ethnique ou raciale, à ce que faute de mieux on dénomme la mémoire "karmique" ainsi que les émergences archétypales... Comme on s'en doute, un tel ouvrage ne peut pas plaire à tout le monde, mais il faut se faire une raison : la science avance depuis quelques années dans des domaines jusque-là réservés à la religion, à la philosophie, et aux arts divinatoires, en un mot à tout un ensemble irrationnel que la vraie lumière de la Raison vient peu à peu éclairer de tous ses feux,... Et cela fait peur ! Car au même titre que l'astronautique et l'espace, la bionique (partie de la bioélectronique) ou la génétique, des sciences encore "tabou" comme la parapsychologie, l'archéologie, la paléontologie, et d'autres domaines touchant directement à l'homme, devraient exploser avec les nouvelles découvertes de la mathématique et de la physique-chimie. Or il n'en est rien, tout au moins dans notre pays où une grande résistance persiste. Pourtant ce que nous montre Grof dans ses livres, en particulier dans ce dernier, c'est que la recherche systématique et scientifique dans les domaines holotropiques révèlent de nombreux et importants mécanismes supplémentaires d'auto guérison, de transformation de la personnalité, d'accès à des niveaux de lucidité hors du commun, qui émergent spontanément lorsque la conscience atteint des zones habituellement hors du champs de la conscience à l'état de veille. De plus l'ouvrage donne une méthode d'activation de tels mécanismes.

Le chapitre 7 est consacré tout entier aux aspects psychologiques, philosophiques et spirituels de la mort et de l'art de mourir. Inutile de souligner l'intérêt exceptionnel de ce texte où l'on retrouve ailleurs les questions relatives à la NDE, au "karma" et au problème de la réincarnation dont nous venons de parler tout au long des pages qui précèdent. Avec juste raison, Grof estime que seule une transformation intérieure radicale de l'humanité et sa progression vers un niveau de conscience plus élevé pourraient représenter un espoir vis-à-vis de l'avenir. Il va sans dire que c'est aussi notre opinion.

L'au-delà, porte également sur la radiesthésie et par extension, sur l'influence des astres sur le vivant en général et les hommes en particulier. Au sujet de la radiesthésie il est utile cependant de faire quelques remarques importantes :

- Cet "art" à l'aspect parfois un peu technique (la science du pendule) est utilisé depuis le plus haute antiquité avec un succès, certes partiel, mais jamais démenti. La question qui reste encore en suspens est : de quels types de signaux ou d'ondes, relèvent donc les réponses du pendule ? Le *Pr Rocard* [13] (décédé depuis peu), ancien Professeur de physique à l'Ecole Normale Supérieure a tenté dans quelques ouvrages de répondre. Nous ne partageons par ses conclusions (cf. glossaire), mais il fallait les signaler.

- Nous établissons un lien direct entre l'influence astrale et les ondes de forme qui seraient à la base de la radiesthésie. Ces forces de la nature, bien qu'ignorées de la science officielle, sont connues de la plus haute antiquité. Elles remontent aux plus anciennes civilisations humaines et connaissent depuis quelques années un regain d'intérêt. Certains chercheurs ne sont pas loin de retrouver leur véritable signification originelle. Citons par

13. Père de l'ancien ministre Michel Rocard.

exemple deux ouvrages bien connus des spécialistes de la radiesthésie : "*Physique micro-vibratoire et Forces Invisibles*" de Belizal et Morel, publié en 1976 chez *Desforges* et "*Essai de radiesthésie vibratoire*" de Chaumeny et Belizal chez le même éditeur, qui décrivent la vraie nature et le mode opératoire des champs radiesthésiques. Or l'au-delà de la physique des particules, des ondes électromagnétiques, des champs de gravitation ou des forces intra-atomiques se trouve justement le champs des ondes géométriques (ondes de forme) et d'autres notions d'une nature apparentée aux forces psychiques que nous ne pouvons définir ici. Les recherches les plus avancées dans ce domaine sont exposées dans un ouvrage tout à fait étonnant (mais d'un abord difficile) publié aux éditions du *Cosmogone* sous le titre évocateur de "*Théorie des formes et des champs de cohérence*" tome I et II. Les auteurs *J.Ravatin* et *A.M. Branca* nous présentent dans ce livre une approche tout à fait révolutionnaire !

C'est probablement dans cette direction, celle des champs de cohérence qu'une nouvelle physique, disons une META physique, est en train de naître, ou... de renaître. Il s'agit vraiment d'une nouvelle approche du réel, qui étrangement correspond à la pensée la plus ancienne que l'on connaisse : celle des mystères de l'antiquité. La *Radionique* (connue des Egyptiens par les colonnes Djed), un terme moderne pour désigner les ondes de forme, est symbolisée par des circuits dont les signes et les dessins rappellent ceux de l'électronique, mais qui ne sont pas de nature électrique mais géométrique. De la vient une théorie de la géométrie des choses qui porte en elle une puissance énergétique particulière dont on retrouve les traces dans les pyramides (cf. glossaire) notamment. Entre cette théorie des formes (ou *systèmes de formes)* et les espaces multidimentionnels, il n'y a qu'un pas... ou si l'on veut un monde qu'il faudra franchir un jour. Or nous pensons que les différentes questions relatives à la nature de l'au-delà et aux univers associés dépend étroitement de ces concepts sur une géométrie douée de puissance. Pascal (*la nature a horreur du vide*) et plus tard Einstein, qui était persuadé de l'importance de la géométrie de l'espace dans la théorie de la relativité, avaient intuitivement compris l'importance de cette géométrie de la matière sur les forces de l'univers visible et invisible.

Et c'est ici que nous concluons ce livre.

Il ressort de la présente étude qu'il n'y a pas véritablement incompatibilité entre le "religieux" et le "scientifique", à la condition d'une part, que la religion fasse bien la distinction entre ce qui relève de la morale et des coutumes, des lois de la nature et du spirituel proprement dit, et d'autre part que la science ne craigne pas d'entrer dans certains domaines réservés du religieux, aucun des deux ne pouvant remplacer l'autre, mais chaque discipline devant se resituer ! Pour cela, une exploration de l'au-delà passe, nous semble-t-il, par une spiritualisation de la science et par une plus grande ouverture de la religion aux réalités des structures du monde matériel. Personne ne peut plus nier aujourd'hui les transformations qui se font jour sur notre planète et l'éveil d'une nouvelle conscience planétaire qui pointe son nez à l'horizon. C'est pourquoi le XXIe siècle sera spirituel ou ne sera pas (Malraux). Dans cette perspective, nous pronostiquons la révélation prochaine de nouvelles découvertes en physique-chimie et en biologie (génétique notamment) qui montreront que la matière peut être manipulée grâce à des "forces géométriques" (nouvelles énergies). D'autre part cette connaissance nous donnera une vision de l'au-delà plus conforme à la REALITE cachée des choses. Mais pour que tout cela arrive dans un laps de temps raisonnable, il faut que certains préjugés matérialistes tombent. Il faut aussi qu'au plan collectif, les intérêts particuliers cèdent le pas aux aspirations globales, surtout en matière de recherche. Devant les fléaux qui menacent plus que jamais l'humanité toute entière, est-il encore possible d'espérer un sursaut de la conscience des hommes avant que ne survienne un nouveau cataclysme mondial ?

GLOSSAIRE

Le présent glossaire reprend quelques-uns des mots et termes "techniques" utilisés dans le texte principal de l'ouvrage. Les mots entre parenthèses ne figurent pas directement dans le texte principal, mais viennent éclairer certains concepts.

A

AKASHA : mot utilisé par les Hindous pour désigner une sorte de mémoire collective de l'humanité où se trouverait l'ensemble des connaissances et des expériences humaines ("lieu" d'énergie et d'informations). Les occidentaux rapprochent cette notion de l'inconscient collectif.

(ALEATOIRE) : terme mathématique désignant ce qui arrive au hasard ou de manière imprévisible (il s'agit du hasard statistique). Relève des méthodes statistiques et du calcul des probabilités, très utilisé dans l'étude des phénomènes paranormaux.

ANGEOLOGIE : partie de la théologie s'occupant plus particulièrement des anges ou des créatures célestes nommées par les textes religieux. Fait aussi partie de la science des anges présidant à certaines invocations magiques.

APPARITION : on désigne ainsi la manifestation "visible" (pour le voyant) d'un être désincarné ou invisible (personne humaine décédée ou ayant l'apparence humaine, parfois monstrueuse, ou non humaine – fées, elfes, des contes et légendes du folklore populaire) ou surnaturel (le Christ, Vierge Marie, ou créature angélique), ou éloigné dans l'espace (un maître spirituel) ou dans le temps (défunt ou ancêtre). En dehors du critère photographique il est souvent impossible de conclure à une vision rétinienne (optique) ou à une vision extra rétinienne (ESP d'origine psychique) de l'apparition.

ARALLOU : terme désignant le séjour des morts dans les civilisations de l'ancienne Mésopotamie. Peut-être comparé à l'Hadès chez les Grecs ou au Schéol des Juifs.

ARCHETYPE : (du grec) signifiant structure première, primordiale, initiale ou idéale; modèle (mental) de référence à partir duquel on construit des copies ou des comportements. Terme utilisé essentiellement en philosophie (Platon), en psychologie (Jung) ou dans les sciences religieuses.

ASHRAM : terme utilisé par les Indiens (surtout les Hindous) pour désigner une collectivité et un lieu où se pratiquent la méditation et le recueillement spirituel. Bien que fonctionnant un peu comme un monastère, l'ashram est plus souvent administré par des laïcs que par des moines. Parmi les ashrams célèbres citons Auroville à Pondichéry (ancien comptoir français à l'est de l'Inde) et l'ashram de Gretz-Armainvilliers en Seine-et-Marne de la Mission RamaKrishna en Europe.

ASTRAL : (corps astral, dédoublement astral, voyage ou sortie en astral) indique une "autre dimension psychique" (et peut-être physique) quand il ne s'agit pas du vide cosmique ou de l'influence des astres. Concept connu des occultistes du monde entier, mais non reconnu par la science moderne. Souvent confondu avec le corps éthérique.

AURA : désigne l'émanation fluidique (généralement invisible à l'œil nu), qui entoure le corps humain. Selon certains, l'aura correspondrait au corps éthérique (peut-être de nature électromagnétique) ; est détectable par l'Effet Kirlian et se représente par l'auréole des saints... d'où l'expression avoir "une sacrée aura" pour les personnages charismatiques.

B

BARDO THODOL : Livre des Morts tibétain (équivalent dans le Bouddhisme tantrique du Livre des Morts égyptien). Traduction française à la Librairie Andrien-Maisonneuve, Paris-1965.

BARZAKH : désigne dans la religion musulmane (Islam) le séjour des morts avant leur jugement. Sorte de monde intermédiaire, assimilable à l'Hadès des Grecs, au Schéol des Juifs ou à l'Arallou des anciens Mésopotamiens. Mais peut aussi être compris comme l'équivalent du purgatoire chrétien quand les âmes y sont purifiées avant le Jugement dernier.

BILOCATION : faculté d'être à deux endroits à la fois. Par extension, posséder le dont d'ubiquité, ou être partout en même temps. Don prêté à de nombreux mystiques, en particulier aux maîtres Yogi et aux saints (Curé d'Ars et Padre Pio). Le "corps" qui est vu ailleurs que le corps physique, est alors, soit une image (perceptible par le mental), soit une manifestation de l'un des "doubles" du corps physique : corps astral ou corps éthérique.

(BIOLUMINESCENCE) : luminescence ou émission de lumière (phosphorescente) par certains organismes vivants due à des organes spécialisés; ceux-ci utilisent certaines réactions chimiques, notamment la dégradation de substances spécifiques par des enzymes. Cette propriété connue chez les vers luisants, peut apparaître temporairement (très rare) chez certains cadavres en concurrence avec les émissions de gaz méthane à l'origine des feux folets dans les cimetières. Sa découverte a permis de comprendre certains phénomènes insolites.

(BIONIQUE) : (biologie électronique) science qui étudie les mécanismes électroniques des êtres vivants comme les sonars à ultrasons des cétacés ou des chauve-souris et leurs applications scientifiques ou industrielles possibles. Particulièrement utiles à l'étude des phénomènes considérés comme paranormaux.

(BIOPHYSIQUE) : utilisation en biologie des méthodes et des théories de la physique et de la chimie. Particulièrement utile à l'étude des phénomènes paranormaux.

BIOSPHERE : niveau biologique de la planète correspondant à la localisation de la vie sur terre; commence dans les océans et se termine dans la haute atmosphère. Dans l'ordre on a la géosphère ou la terre sous son aspect minéral, la biosphère, et la sociosphère (incluant les systèmes économiques et sociaux de l'humanité) et... la psychosphère (incluant les systèmes mentaux, émotionnels et psychiques de l'humanité).

C

CELLULAIRE : (système cellulaire) concerne ici les cellules vivantes du corps humain. L'ensemble du corps physique (enveloppe charnelle pour les spiritualistes) est constitué de cellules différenciées et spécialisées en catégories et en organes vivants : cellules des muscles, cellules nerveuses, cellules du cerveau, cellules osseuses... Il s'agit probablement du système cellulaire le plus complexe de toute la biosphère terrestre, connu actuellement. A la mort, ce système se désagrège entièrement, mais de manière non uniforme (non isotrope) et les substances qui composent les cellules se dispersent dans la nature de manière mystérieuse, peut-être accompagnées de radiations particulières qui restent à déterminer. La fin de ce processus est alors la mort cellulaire.

CENTRE d'ENERGIE : appellation scientifique pour désigner les différents plexus nerveux du corps humain, assimilés par les doctrines orientales et les occultistes aux CHAKRA(S) hindous (roue d'énergie) dont les racines prennent naissance le long de la colonne vertébrale, de bas en haut.

CHAKRAS : terme oriental (sanscrit) signifiant Roue, utilisé par les systèmes religieux et philosophiques de l'Inde pour désigner des "centres d'énergie" du corps humain. Est à la base de la structure occulte de la constitution humaine et de ses potentialités universelles et cosmiques correspondant aux différents corps subtils et invisibles (spirituels) de la nature humaine véritable. Il y a 7 chakras principaux, s'ordonnançant du bas de la colonne vertébrale au sommet de la tête, et une bonne vingtaine de chakras secondaires répartis sur le reste du corps et censés réguler diverses fonctions organiques.

CONSCIENCE : (état de conscience..., état modifiés de conscience ...), nous intéresse ici dans sa forme "état modifié de..." qui concerne les modifications apportées (à l'état de veille) d'une part, à la perception sensorielle d'un individu, d'autre part à une nouvelle lucidité mentale de réalités invisibles en temps ordinaire. Ces situations psychiques différentes ou états modifiés de conscience ou holotropiques, se rencontrent chez les mystiques, mais aussi chez les consommateurs de drogues et autres substances hallucinogènes (bien que de niveaux différents).

CONTINUUM ESPACE-TEMPS : terme de la physique moderne (dont la Relativité d'Einstein) désignant l'univers dans lequel nous vivons (spatio-temporel) composé des trois dimensions de l'espace (x, y, z) et de la quatrième dimension du temps (t), l'ensemble constituant un système quadri-dimensionnel (x,y,z,t) où la vitesse de la lumière est une vitesse limite (300.000Km/s).

CORPUSCULAIRE : (physique, réalité, matière,...) correspond à la réalité ultime de la matière qui est censée être composée de corpuscules ou particules élémentaires (physique quantique) dont l'atome donne une vue approximative, car renfermant lui aussi d'autres entités plus petites. La lumière elle-même est composée de corpuscules d'énergie appelés photons.

COSMOGONIE : (hindoue, maya, chinoise,...) désigne le système théologique ou philosophique de la conception du monde propre à chaque culture. Système rassemblant les différentes composantes de l'univers, du monde visible et invisible qui caractérise une civilisation à un moment donné. Il y a une cosmogonie des Mayas, des Hindous, ou par exemple de la chrétienté du Moyen Âge avec le système de Ptolémée. Toute cosmogonie reste figée dans le temps. Terme à ne pas confondre avec cosmologie.

COSMOLOGIE : terme désignant un système scientifique décrivant l'univers matériel à une période donnée, ou selon les théories de l'astronomie et de la physique d'une Ecole de pensée donnée. Contrairement à la cosmogonie, elle ne s'occupe que des aspects physiques de la structure de l'univers et évolue en intégrant successivement les modifications et remises en cause de nos connaissances suite aux découvertes scientifiques.

D

DJED : mot désignant les colonnes de certains temples de l'Egypte antique et le symbolisme associé. Ce symbolisme est par définition de nature énergétique. Chaque niveau ou étage de la colonne représentant un niveau d'énergie avec son code vibratoire (représenté par une couleur et un aspect positif ou négatif selon ses effets). Dans certains milieux radiesthésistes et occultistes, on compare volontiers ces niveaux d'énergie aux chakras et la colonne à la colonne vertébrale de l'homme.

E

ECTOPLASME : substance fluidique plus ou moins pâteuse ou dense, de couleur blanchâtre émanant du corps de certains médiums lors de séances ou d'expériences paranormales. Ressemble au "corps" de certains fantômes et même aux émanations de certains "appareils ou sondes" manipulées par des apparitions "extra-terrestres". Cette substance de nature inconnue (psychique ou matérielle ?) peut prendre la formes de parties du corps humain (mains, pieds, figures...) présentant quelques caractéristiques "impossibles" en temps normal (mains d'enfant de six ans ridées comme celle d'un vieillard). Certains comparent cette substance ectoplasmique à l'état plasma (ionique et haute température) de la matière.

ESP : Extra Sensory Perception, en français Perception Extra Sensorielle ou PES, qui ne relève pas des cinq sens habituels, vue, ouïe, toucher... mais d'une autre sensibilité interagissant avec la matière. Donne matière au développement des facultés Psi des êtres humains dans différents domaines de la connaissance du système nerveux, de la physiologie occulte (acuponcture entre autre) et des "guérisons miraculeuses".

ETHERIQUE : (corps, plan, énergie...) souvent confondu avec astral, le corps éthérique semble être l'interface électromagnétique entre le corps physique et le corps astral, d'une autre nature. Le mot éthérique (du XIXᵉ siècle) désigne ce qui relève de l'éther cosmique, ou vide inter-atomique ou encore vide interstellaire. Aujourd'hui ce terme est remplacé par "champs d'ondes électromagnétiques" ou parfois par "champs corpusculaire".

EXTRASENSORIELLE : (perception extra-sensorielle...) en anglais ESP, désigne la perception par les hommes (et les animaux) de phénomènes en dehors des cinq sens habituels. La perception peut être visuelle (avoir des visions) ou auditive (entendre des voix), mais aussi tactile comme l'ont montré certaines expériences soviétiques avec des femmes lisant des couleurs et des textes avec leurs doigts. La vision de certaines apparitions non repérées par la pellicule photographique peut-être expliquée ainsi. Pour les savants rationalistes l'ESP n'existe pas et doit être assimilée à une hallucination.

F

FONCTION PSI (ou PSY) : désigne la (ou les) faculté paranormale sommeillant en tout individu (sixième sens) et susceptible d'être développée en ESP ou en télépathie, ou en pouvoir de bilocation... soit par des méthodes et techniques quasi-scientifiques (yoga), soit par l'utilisation de drogues (chamans), soit par une vie d'ascète...

FRACTALES : (courbes, surfaces, objet ...) sont des équations particulières permettant certaines représentations géométriques inhabituelles dont les structures se répètent à toutes les échelles d'observations à partir d'un processus itératif (bords de feuilles, étoiles des neiges et cristaux de glace, légume brocoli). Les images de kaléidoscopes rappellent l'ensemble de Julia J(A) qui est une surface fractale célèbre. Ces représentations illustrent peut-être les contacts possibles entre des univers de dimensions différentes. Elles représentent aussi de manière visuelle une théorie due au mathématicien français René Thom sur la notion de "chaos" et de "catastrophe" (rupture) dans tout système ordonné, physique, biologique ou intellectuel, permettant ainsi des prévisions.

G

GEOMETRIE EUCLIDIENNE : partie de la géométrie connue depuis les Grecs (Euclide) et dont on se sert dans la vie quotidienne. Basée sur le référentiel du PLAN supposé infini, beaucoup de propriétés et règles de cette géométrie cessent d'être valables quand on passe du plan à la sphère, ou si on change d'échelle ou de dimension. La notion de droite disparaît, la somme des angles d'un triangle peut être supérieure ou inférieure à 180°... D'autres géométries ont été élaborées par Lobatchevski (nationalité russe, 1792-1856) et Riemann (nationalité allemande, 1826-1866).

K

KABBALE (ou Cabbale) : Quabbalah est le système cosmogonique, magique, ésotérique et mystique du Judaïsme; considéré à la fois comme une science et un art. Initialement discipline royale de l'antiquité suméro-babylonienne - elle nous a été transmis par les hébreux anciens, puis repris entre le Moyen Âge et le XVIIIe par des ésotéristes chrétiens. Sa base est l'alphabet hébraïque et l'utilisation des énergies vibratoires (le verbe) liée à chaque lettre de cette "écriture". Le premier des textes, Sepher Yezirah, ou Livre de la Création, est considéré comme le plus ancien. L'ensemble des principaux livres de la Cabbale porte le nom de Zohar. On y trouve les mêmes structures de développement mystique que dans le Yoga avec ses mantras et l'ouverture des chakras (les Sephiroth) puis la montée du serpent de feu (Kundalini ou descente de l'éclair divin !), les mêmes règles vibratoires que dans la Haute Magie Cérémonielle, enfin les mêmes concepts et débouchés que dans l'alchimie. C'est donc une discipline complète et une sorte de synthèse d'autres doctrines et pratiques ésotériques et mystiques.

KIRLIAN (Effet) : regroupe l'ensemble des travaux sur les propriétés électriques et électrostatiques des organismes vivants. Accrédite la thèse des méridiens et points d'acupuncture du corps humain et d'une enveloppe électromagnétique (corps éthérique ?) susceptible d'être mise en évidence par des procédés d'électro-photographie à haute fréquence. On répond ainsi à la question : "peut-on photographier l'AURA ?" et concevoir de nouvelles solutions thérapeutiques. On établit aussi un lien entre le système nerveux et la radiesthésie. Dans les années 1920, l'électricien russe (S.D Kirlian) remit au goût du jour, avec de nouvelles découvertes, des travaux commencés par le Dr Kilner dès 1900 à Londres.

L

LEVITATION : phénomène par lequel un corps s'élève "tout seul" dans l'espace sans que soit identifiable la nature de la force qui est à l'origine de cette ascension, pourtant contraire à la pesanteur terrestre. On parle d'anti-gravitation ou d'action de l'esprit sur la matière. Voir l'Effet PK. En dehors des forces mécaniques bien connues de la physique et de phénomènes de "mobilité" dus à des réactions chimiques, il existe des moyens magnétiques et électromagnétiques pour soulever des corps légers ou de petite taille. Il s'agit alors de lévitations provoquées et contrôlées par des énergies connues. Dans le cas des moines (saint Joseph de Cupertino 1103-1163, surnommé le moine volant, ou sainte Thérèse d'Avila) surtout tibétains, le phénomène est complètement inexplicable par la science moderne. Certains laïcs (très rares) ont eux aussi été sujets à la lévitation. C'est le cas du célèbre Daniel Dounglas Home (1833-1886) en Angleterre. L'ouvrage de René Pérot "l'Effet PK" (Tchou 1976) donne un résumé détaillé sur sa fantastique carrière.

O

ONORIQUE : (mémoire, plan, sensations,...) phénomènes et visions relevant du monde du rêve. Les visions oniriques peuvent être prémonitoires : événements à venir, situations futures; elle peuvent aussi révéler un archétype, ou encore révéler la source de certaines maladies ou malaises. Les voyages dans le monde onirique sont peut-être de même nature que le voyage "astral". La mémoire des rêves restant incomplète ou déformée.

OVNI(s) : acronyme pour Objet Volant Non Identifié (traduction française de UFO : Unidenfied Flying Object) qui concerne l'étude (sous toutes ses formes) des objets insolites parcourant l'atmosphère terrestre. Après étude, 80 % des Ovnis sont identifiés et expliqués (ballons sonde, météorites, reflets sur les nuages de lumières de voitures, nuages lenticulaires, rentrée atmosphériques de fusées ou satellites, prototypes d'engins secrets, phénomène gazeux exceptionnels...). Dans 20 % des cas restant, les chercheurs (ufologues) tentent d'interpréter la nature des apparitions (apparitions fantomatiques, hallucinations individuelles ou collectives, créations d'hologrammes de grande taille, vaisseaux d'origine extraterrestre, véhicules du futur remontant le temps...) et leur provenance. L'ufologie (science des Ovnis) tente aussi de comprendre les témoignages des rencontres rapprochées (ou des enlèvements) avec des Ovnis : rencontres du 1er type au 4e type.

P

PARADIGME : hypothèse ou théorie ou description d'un phénomène réunissant un large consensus avant même d'avoir une reconnaissance ou un statut officiel. Il n'y a pas encore de paradigme sur les Ovnis !

PARAPSYCHOLOGIE : science et étude du paranormal, ou des événements et phénomènes insolites intervenant dans la vie des hommes : apparitions, hantises, dédoublements, bilocations, médiumnité, lévitation, transmission de pensée (télépathie)... Cette discipline, née au XIXe siècle sous le nom de métapsychique (le terme psychotronique a été proposé par les Européens de l'Est dans les années 1960/70) s'est largement développée au XXe avec des moyens de plus en plus puissants tant au niveau des outils intellectuels que des moyens matériels disponibles.

PK (effet) : action de l'esprit sur la matière, sans supports ou moyens mécaniques, électriques ou électromagnétiques connus ou repérables. Encore appelé psychokinèse. Les déplacements d'objets sans contacts ou les exercices de torsion de tiges métalliques résistant normalement à la force musculaire, ou la lévitation des corps (le corps du moine s'élève du sol sans aucun moteur ou moyen autre que la force de l' "Esprit").

PLASMA : le plasma dont parlent les physiciens (rien de commun avec le plasma sanguin) constitue en quelque sorte le 4e état de la matière (le FEU), les trois autres étant l'état Solide, l'état Liquide et l'état Gazeux. Il s'agit d'un état ionique à haute température qui peut, semble-t-il, prendre plusieurs aspects, dont certains sont très insolites. La matière se trouve en état ionique lorsque les atomes qui la composent ont perdu (ou gagné) quelques-uns de leurs électrons superficiels. Le plasma froid serait alors un état ionique, mais à très basse température, très stable et ressemblant à s'y méprendre à du gaz néon malléable comme du mastic ou comme de la vapeur d'air liquide légèrement plus dense. Il existe en astronautique des projets de moteurs à propulsion ionique (ou à plasma) pour des engins supposés évoluer dans le vide intersidéral. Mais ce sont des moteurs à plasma très chaud !

POLTERGEIST : terme germanique désignant tous les phénomènes de hantise rencontrés dans les maisons hantées. En particulier les raps, les objets en mouvement ou lévitation de corps, les jets de pierres chaudes, mais aussi les phénomènes moins "matériels" comme les appels téléphoniques répétés n'ayant aucune origine connue. Ce mot est passé dans le langage commun pour désigner les phénomènes insolites ou paranormaux (ou relevant du surnaturel démoniaque; voir le film l'Exorciste).

PSYCHOKINESE : action sans contact de l'esprit sur les corps matériels en mouvement. Voir effet PK.

PSYCHOTRONIQUE : terme proposé en 1968, à la conférence de Parapsychologie de Moscou, par certains participants pour désigner l'étude des phénomènes paranormaux. Il s'agissait alors de remplacer le terme parapsychologie (emprunté au Français Fernand Clerc) par celui de psychotronique. La référence à la bionique humaine est évidente. L'idée était de compléter les connaissances des lois de la nature (animée et inanimée) par les nouvelles découvertes dans les domaines du psychisme humain et animal, et par les relations entre la bionique (radars des êtres vivants) et les phénomènes insolites.

PYRAMIDES : on attribue aux pyramides des propriétés particulières dans la conservation des aliments, la momification de corps morts... Pour en avoir le cœur net, certains chercheurs ont depuis longtemps vérifié que des pyramides construites sur le modèle Kéhops (grande pyramide du plateau de Gizeh en Egypte) dans des proportions plus modestes avaient des propriétés énergétiques extraordinaires. Cette constatation a été plusieurs fois vérifiée avec des matériaux divers (carton, plastique, métal, bois, verre, pierre...); seule la forme importe, car les mêmes expériences ont été refaites avec des enceintes sphériques, cubiques... Les résultas sont différents ! Il semble que la forme pyramidale ait donc dans certaines mesures des effets énergétiques particuliers dus aux ondes de forme.

R

RADIESTHESIE : (science du pendule) connue et utilisée depuis longtemps, cette discipline est toujours incapable de dire avec certitude quelle force agit sur le pendule ou la baguette du sourcier. Alors que nous pensons aux ondes de forme (comme pour la pyramide), le Pr. Yves Rocard de l'Ecole Normale Supérieure de la rue d'Ulm (Paris), a conclu après de longues années d'études, que le corps humain était doté de centres magnétiques (dans les coudes) sensibles aux courants telluriques du sol qui faisaient réagir de manière micrométrique les bras de l'opérateur. Cette hypothèse bien que séduisante et assez simple ne tient pas devant les détections radiesthésistes à distance (repérage d'une personne disparue).

T

TELEKINESIE : action sans contact de l'esprit sur des objets matériels au repos, et qui les met en mouvement. Voir Effet PK et Psychokinèse.

PRINCIPAUX ORGANISMES DE PARAPSYCHOLOGIE

EN FRANCE

CENCES : **Centre d'Etudes National et de Communication sur les Enigmes Scientifiques**, association 1901, fondée en 2000. Elle s'est donnée pour objet de mobiliser des chercheurs de tous horizons et de toutes disciplines afin de mettre sur pied un enseignement et une recherche pluridisciplinaires sur les énigmes rencontrées par la science en particulier dans les domaines de la parapsychologie (NDE notamment) et du phénomène Ovni.

Adresse : *30, rue des Trois –Frères – 75018 Paris*
Site web : *http://members.aol.com/cences30*
e-mail : *Cences30@aol.com*

GEEPP : **Groupe d'Etudes Expérimentales des Phénomènes Parapsychologiques**, également connu sous le nom de Laboratoire de Parapsychologie de Toulouse, est dirigé et animé par Yves Lignon (du Département de Mathématiques de l'Université de Toulouse le Mirail). Réunissant exclusivement des universitaires, médecins, ingénieurs, techniciens et journalistes s'intéressant aux phénomènes para-psychologiques, le GEEPP entend appliquer à ces phénomènes la méthode d'investigation expérimentale. De plus il coordonne le travail de chercheurs isolés et entretient des rapports avec différentes institutions étrangères (principalement anglo-saxonnes) travaillant sur les mêmes sujets. Le GEEPP intervient régulièrement, à la demande, dans les discussions et débats publics sur le paranormal afin de prévenir le public des escroqueries ou des dérives possibles dans ce domaine.

Adresse : *Y.Lignon(Département de Mathématiques) - Université de Toulouse de Mirail – 31058 Toulouse Cedex*
Site web : *http://www.multimania.com/geepp*
e-mail : *lignon@univ-tlse2.fr*

GERP : **Groupe d'Etude et de Recherche en Parapsychologie,** issu des mouvements de mai 1968, ce groupe réunit au départ des universitaires et ingénieurs de haut niveau désireux d'apporter quelques lumières sur les divers phénomènes psi et de confronter leurs connaissances en vue de les expliquer (travaux et recherches de la période 1970-1990). Depuis 1995 la tendance du groupe s'est tournée vers une approche plus théorique, en recherchant une théorie du PSI applicable aux différentes sciences d'une transdisciplinarité. Pour le GERP, la recherche PSI ne consiste pas en effet à appliquer mécaniquement des techniques, mais au contraire à rechercher et à promouvoir la créativité.

Adresse : *5, impasse de Châteaudun – 93000 St-Denis*
Site web : *http://gerp.free.fr*
e-mail : *gerp@nomade.fr*

ICLP : **Institut des Champs Limites de la Psyché**, fut fondé en 1988 par Djohar Ahmed et le Dr Gérald Leroy-Terquem. L'objet était de promouvoir l'étude, la pratique et les applications des états de conscience dits non-ordinaires (ou modifiés**).** L'utilisation et la prise en compte de tels états modifiés de conscience, se révèlent particulièrement efficaces dans les opérations de développement personnel et des interventions de psychothérapie. L'ICLP propose des séminaires de respiration

Holotropique (TRH), des groupes d'entraînement à la télépathie (GET), des psychanalyses, des psychothérapies individuelles, de la PNL, des méthodes d'hypnose...

Adresse : *51, rue de l'Aqueduc - 75010 Paris*
Site web : *imi-paris.org/entrainement_telepathie.php3*
e-mail : *i.c.l.free.fr/DossierEditeur.html*

IMI : Institut Métapsychique International, le plus ancien et le plus renommé des organismes français de parapsychologie. Aujourd'hui dirigé par une équipe nouvelle, il fait le pari de relancer la métapsychique dans notre pays en replaçant la France au milieu d'un réseau de recherches internationales. L'IMI conduit des recherches à la fois théoriques (relations avec des universitaires de toutes les disciplines) et pratiques (appel à des laboratoires spécialisés), et se positionne en tant que fondation reconnue d'utilité publique, et en tant que société savante. Il joue un rôle pédagogique auprès des pouvoirs publics dans les domaines concernés.

Adresse : *51, rue de l'Aqueduc – 75010 Paris*
Site web : *imi-paris.org*
e-mail : *imi-paris@wanadoo.fr*

ONDES : Observatoire National de Discernement des Enigmes Scientifiques, fondé en 1996, est le premier observatoire du genre en France concernant le paranormal (hors l'étude des Ovnis dont les premiers observatoires remontent aux années soixante/soixante-dix). Soutenue par d'éminentes personnalités scientifiques de toutes disciplines, cette association 1901, s'intéresse en particulier aux témoignages sur la NDE, la Transcommunication et les ESP (perceptions extrasensorielles diverses). Il publie quatre fois par an le bulletin de liaison "Ondes".

Adresse :*34, Chemin de la Vignette – 06200 Nice*
Site web : *http://www.ondes.org*
e-mail : *ondes@ondes.org*

OR3P : **Organisation pour la Recherche en Psychotronique**, fondée en 1997, cette association 1901 (Président Yves Lignon) rassemble des membres du GEEPP (voir ci-avant)et d'autres personnes en vue d'études sur la parapsychologie et la constitution d'importantes banques de données papier (notamment des collections de revues anglophones sur le phénomène psi),lettres d'informations, annonces..., ou électroniques (sites internet, mail-listes). Elle publie le Revue française de Parapsychologie sur abonnement.

Adresse: *Y.Lignon (Département de Mathématiques) -Université de Toulouse de Mirail – 31058 Toulouse Cedex*
Site web : *http://www.multimania.com/geepp*
e-mail : *lignon@univ-tlse2.fr*

POUR MEMOIRE,
les organismes étrangers les plus célèbres :

Institut de Parapsychologie et Laboratoires
Université de Fribourg-en-Brisgau (Allemagne)
Président-Fondateur : Pr. Hans BENDER

Institut de Parapsychologie et Laboratoires
Université d'Utrecht (Pays-Bas)
Président Fondateur : Pr. W.H.C Tenhaeff

Royal Society for Psychical Research
de Londres (Grande-Bretagne)

American Society For Psychical Research
Dr J.B. Rhine (New-York)

BIBLIOGRAPHIE

ALCOCK James E., - Parapsychologie : Science ou Magie ? – Ed. Flammarion – 1989

ANDRAU Marianne,- Franchir la Mort – Ed. Robert Laffont – 1985

BARKER Clive,- La Mort, sa Vie, Son œuvre (Les Livres de sang) Roman – Ed. Albin Michel –1992

BARRY Jean,– Journal d'un Parapsychologue – Ed. et Publicité Premières - 1971

BERGÉ C.,- La Voix des esprits (Ethnologie du Spiritisme), Ed. Métaillé – 1990

BERCOU L.,- Pour aider à comprendre la Vie et la Mort – Ed. du Basileus –1985

BESANT Annie,- La Vie occulte de l'homme – Ed. Adyar – 1978

BEVILACQUA Marguerite,- Réincarnations et Vies antérieures –Ed. Trajectoires – 2002

BLONDEL C.,(sous la direction de),- Des savants face à l'Occulte – Ed. de la Découverte - 2002

BOURGINE Jérôme,- Le Voyage Astral – Ed. du Rocher – 1993

BRUNE (Père) François,- Les Morts nous parlent –Ed. de la Seine –1989

CARDON Michel,- Voyages vers le Passé –Ed. J'ai Lu (n°3736) –1994

CHAILLOT Nicole et...,– Manika, une Vie plus tard (roman) – Ed. Robert Laffont –1989

CHAUVIN Rémy, A l'écoute de l'Au-delà – Ed. Philippe Lebaud – 1999

Collectif, – La Mort est une autre Naissance – Ed. Albin Michel–1989

Collectif, (sous la direction d'Eric Raulet et d'Emmanuel – Juste Duits),- Paranormal entre Mythes et Réalités – Colloque du CENCES 2000 – Ed. Dervy – 2002 (voir liste des organismes)

Collectif,- Collection "Les Mystères de l'Inconnu" – Ed. Time Life – 1990 - 12 volumes

Collectif,- Collection "Les Pouvoirs Inconnus de l'Homme" – Ed. Tchou-Laffont – 1976 et suivantes.

Collectif,-Réincarnation et foi chrétienne (traduit de l'allemand) – Ed. Vie Universelle – 1988

COQUELLE Dominique,- CHAKRAS guide pratique d'éveil intérieur –Ed. Trajectoires – 2002

DELCLOS Marie,-Les grands défis du 3è Millénaire –Ed. Trajectoire – 2000

DUNE B. et JEHN R.,– Aux Frontières du Paranormal – Ed. du Rocher – 1991

DUPLESSY Yvonne,-La Vision Parapsychologique des couleurs – EPI éditeur – 1974

ELSAESSER-VALARINO Evelyn, – D'une vie à l'autre : des scientifiques explorent le phénomène des expériences de mort imminente, – Ed Albin Michel/Dervy Livres – 1999

FLAMMARION Camille,– La Mort et son Mystère (Avant la Mort, Pendant la Mort, Après la Mort) – Ernest Flammarion Editeur – 1920 – et divers éditeurs modernes

FONTAINE Janine (Dr), – La Médecine des Trois Corps – Ed. du Rocher – 1980

GERP (collectif), – 60 années de Recherches en Parapsychologie – Gerp – 1992 (voir liste des organismes)

GRANDSIRE Jean-Michel, – La transcommunication – Ed. JMG – sd

GROF Stanislav,- Pour une Psychologie du Futur – Ed. Dervy Livres – 2002

KARDEC Allan,- Le Livres des esprits – Ed. Trajectoires

KARDEC Allan,- Le Livres des médiums – Ed. Trajectoires

KRIPPNER S., - L'Effet Kirlian – Ed. Sand -1985

LANCELIN Charles, – Méthode de Dédoublement Personnel – Ed. F. Lanore / Sorlot – 1986

LANCELIN Charles, – La Vie Posthume – Ed. Durville – s.d. Paris

LARCHER (Dr) Hubert,– La Mémoire du Soleil (Aux frontières de la Mort) – Ed. désIris–1991

LEBONHAUME Charles,– Au-delà de la Vie – Ed. Trajectoire – 2000

Le BRUN Charles, – Quelle autre vie après la mort ? – Ed. Trajectoire – 2003

LEBRUN Maguy, - Médecin du Ciel, Médecins de la Terre –Ed. Robert Laffont -1987

LERIBOULAY,- Comprendre les Chakras – Ed. Trajectoire – 2002

LORMIER Dominique, – Le Grand Livre des fantômes – Ed. Trajectoire – 2003

MARQUIS Stéphane, - Comment visiter ses Vies antérieures – Ed. Québecor – 1997

MacLAIN Florence Wagner, - Guide pratique du Voyage dans les Vies antérieures – Ed. Sand – 1986

MEUROIS-GIVAUDAN Anne et Daniel, - Récits d' un Voyageur de l'Astral – Ed. Arista – 1988

MEUROIS-GIVAUDAN Anne et Daniel, - Terres d'Emeraudes – Ed. Arista – 1990

MEUROIS-GIVAUDAN Anne et Daniel, - Les Neufs Marches (histoire de naître et de renaître) – Ed. Arista –1991

MEUROIS-GIVAUDAN Anne et Daniel, - Chronique d'un Départ – Ed. Amrita – 1993

MOODY (Dr) Raymond, – La Lumière de l'Au-delà – Ed. Robert Laffont – 1988

MOREL Denise, - Qui est Vivant ? –Ed. Dervy -1991

MULDONNE S. et H. CARRINGTON, – La Projection du Corps Astral – Ed. du Rocher -1980

PAPUS(Dr Gérard Encausse),– La Réincarnation – Ed. Dangles – 1983

PERROT Pascal,-Le Grand Livre du Spiritisme – Ed. Trajectoire – 1998

RAQUIN Bernard,– Retrouvez vous-mêmes vos vies antérieures – Ed. Trajectoire – 1998

Revue MYSTERES, – Les fonctions de la Vie (Voyage au bout de la vie) – n° Hors Série – Ed. Mystère Presse, Science Frontières – 1994

RYDER-MERLHYN Laurent H.R.,– Guide Initiatique du Voyage astral – Ed. Trajectoires – 1994

SCOTT ROGO D., – La vie après la mort (témoignages et expériences sur l'après-vie)- Ed. de Bressac (Sabre communication), - Paris 1996 et 1999

TISCHNER Rudolf (Dr),-Introduction à la Parapsychologie – Ed. Payot – 1973

TRANSLEY David, L'Aura, le Corps de Lumière – Ed. Albin Michel -1989

TYRREL G.N.M., – Au-delà du Conscient (traduit de l'anglais) – Payot – 1963

VEDRINE Hettie-Henriette,- L'Eglise et la Réincarnation – Ed. de Vecchi – 1990

VENETTE Jean,- Réincarnation – Résurrection (les mystères de la vie après la vie) – Ed. Salvator – 1988 et 1989

VINCENT Louis-Marie,- Peut-on croire à la Résurrection ? – Dervy Livres – 1988

Achevé d'imprimer
sur les presses de l'Imprimerie Moderne de Bayeux
ZI, 7, rue de la Résistance, 14401 BAYEUX
Dépôt légal n° 12610 - Octobre 2003